The Pirates of Plymouth – Die Piraten von Plymouth

von Petra A. Bauer

Langenscheidt

Berlin · München · Wien · Zürich · New York

Lektorat: Barbara Müller
Englischsprachiges Lektorat: Charlotte Collins
Illustrationen: Anette Kannenberg
Umschlaggestaltung: init.büro für gestaltung, Bielefeld

www.langenscheidt.de

Umwelthinweis: gedruckt auf chlorfrei gebleichtem Papier

Satz: Franzis print & media GmbH, München
Druck: Mercedes Druck, Berlin
Bindung: Stein + Lehmann GmbH, Berlin
Printed in Germany

ISBN 978-3-468-20814-0

10010

Inhalt

Freudiges Wiedersehen 5
Greatwater Mansion 11
Zirkus Farfalli 14
Tanze Tango mit mir! 24
Überraschung im Wald 29
Nächtlicher Besuch 37
Manege frei! 43
Henry Every 54
Die Nacht gibt Rätsel auf 59
Einer zu viel 64
Was zum Geier ist hier los? 69
Ein Vertrauter 80
Die nächsten Schritte 85
Das Geheimnis von Everett Greatwater 92
Ein alter Bekannter 98
Man lernt nie aus 101
Aufregung im Zirkus 109
Doodles Herrchen 113
Ende gut, alles gut 117

Freudiges Wiedersehen

"Da unten! Ich sehe die Landebahn!" Leon fuchtelte mit den Armen herum und hätte mir dabei beinahe ins Auge gepiekt. Ich hätte mir den Flughafen von Plymouth auch gerne von oben angesehen, aber mein Bruder machte sich so breit, dass ich keine Chance hatte, an das winzige Flugzeugfenster heranzukommen.

"Ist *das* klein!"

"Ja, logisch. Von oben sieht immer alles klein aus, weißt du?", begann ich ihn wie einen Dreijährigen zu belehren, aber er unterbrach mich sofort.

"Das weiß ich doch selber, Mensch! Ich meine 'klein' im Sinne von 'übersichtlich'. Da kreuzen sich gerade mal eine Start- und eine Landebahn, und ein richtiges Flughafengebäude sehe ich auch nicht."

Wenn man je von Frankfurt aus geflogen ist, wie wir im letzten Jahr, als Mama diese verrückte Kreuzfahrt für uns alle gewonnen hatte, dann musste einem fast jeder andere Flughafen ohnehin winzig erscheinen. Aber dieser war es tatsächlich: Es wurde eine Treppe an das Flugzeug gerollt, und als wir ausstiegen, mussten wir zu Fuß zum Terminal laufen. Das Ankunftsgebäude des *Plymouth* ***City Airport*** sah auf den ersten Blick aus wie eine Autobahnraststätte und war auch nicht

---

city Stadt
airport Flughafen

viel größer. Zwei Buchsbäume in Kübeln säumten den Eingang, daneben standen zwei Bänke, ein Abfalleimer und noch ein Blumenkübel. Das war alles. Mehr hätte auch nicht dorthin gepasst.
Wir traten durch die Tür, doch bevor ich den Innenraum näher betrachten konnte, wurde ich auch schon beinahe umgeworfen.
"Alina!" Ein Mädchen mit schulterlangen, braunen Haaren drückte mich an sich und quiekte mir ins Ohr, aber das war vollkommen okay. Schließlich war es Lucy, die wir auf dem Kreuzfahrtschiff kennengelernt und mit der wir gemeinsam einen Schmuckdieb und dessen Komplizen überführt hatten.

"Lucy!", quiekte ich zurück und bemerkte, wie Leon die Augen verdrehte. Ich wusste genau, was er in diesem Moment dachte: "Weiber!"
Entsprechend cool fiel auch seine Begrüßung aus. "Hi!", sagte er nur und gab ihr zögernd die Hand, während die andere tief in seiner Hosentasche stecken blieb. Leon war auch im letzten Jahr von Lucy erst nicht begeistert gewesen, doch wir drei waren Freunde geworden, und daher verstand ich nicht ganz, was diese Zurückhaltung jetzt sollte. Aber ich kümmerte mich einfach nicht weiter um ihn.
"I'm so happy to be **here**, Lucy! **How are you?**"

---

here hier
How are you? Wie geht es dir?

"I'm fine, thank you. But it'll be **much** nicer with you here. It's **a bit** boring being **on my own** with Aunt Mary, Spencer and our ghost."

"Who's Spencer?"

Lucy kicherte. "I **thought** you'd ask me about the ghost. Spencer is Aunt Mary's **driver**. Oh, and her butler. **Actually**, I think he does **nearly everything** round here."

Während wir auf unser Gepäck warteten, erzählte mir Lucy von ihrem Hausgeist.

"**No one has ever seen him**, but he'**s always messing things up**. **So be careful with** your **luggage** – he **might** take it and hide it in the attic."

Na, das waren ja reizende Aussichten!

Lucy senkte die Stimme: "Actually, **I don't think**

---

much viel
a bit ein bisschen
on my own allein
thought dachte
driver Fahrer(in)
actually eigentlich
nearly fast
everything alles
No one has ever seen him. Keiner hat ihn je gesehen.
is always messing things up bringt ständig alles durcheinander
so *hier:* also
be careful (with) passt (auf …) auf
luggage Gepäck
might könnte
I don't think ich glaube nicht, (dass)

it's a ghost. I think it's Aunt Mary. She **gets** a bit **confused** sometimes. But **don't say anything** to her; it **just** makes her angry."

Als wir endlich unsere Koffer in den Händen hielten, kam ein hagerer Mann auf uns zu und nahm uns das Gepäck ab. Oben auf dem Kopf hatte er fast keine Haare mehr und die restlichen standen in grauen Büscheln wild nach allen Seiten ab. Er sah aus wie einer der Geier aus dem Dschungelbuch.

"**Welcome to** Plymouth, Alina and Leon. I'm Spencer. **If there's anything** you need, **just** tell me."

Er lächelte und nun sah er aus wie ein sehr freundlicher Geier. Ich mochte ihn sofort. Leon anscheinend auch, denn er strahlte Spencer an und fragte: "**How about** chocolate?"

"**Still** a **chocoholic**?", zog Lucy ihn auf und knuffte

---

gets wird
confused verwirrt
Don't say anything. Sagt nichts.
just nur
welcome to willkommen in
if wenn
there's es gibt
anything irgendetwas
just einfach
how about wie wäre es mit
still immer noch
chocoholic Schokoladensüchtige(r)

ihn mit der Faust auf den Oberarm. Damit war das Eis gebrochen, denn Leon knuffte zurück. Zum Glück, sonst hätten das echt schreckliche Sommerferien werden können.

Spencer lud das Gepäck in einen alten Ford und hielt uns die Hintertür auf. Dann machten wir uns auf den Weg zu Tante Marys Haus.

"She lives outside Plymouth, but **that**'s **no** problem. Spencer is always **there** to drive her everywhere. Aunt Mary's house has a **fantastic view of** the sea; she'll **never leave** it."

Lucy hatte nicht zu viel versprochen. *Haus* war jedoch ein viel zu bescheidenes Wort für das Anwesen, das sich auf einer Klippe dem Meer entgegenreckte. Und die Aussicht war wirklich atemberaubend! Selbst Leon blieb vor Staunen der Mund offen stehen, als er über das Meer blickte, das an diesem Tag blau und still vor uns in der Sonne lag.

---

that das
no kein
there da
fantastic fantastisch
view of Blick auf
never nie
leave verlassen

Greatwater Mansion

"Welcome to Greatwater **Mansion**, Alina and Leon!" Lucys Großtante Mary stand in der Eingangshalle und begrüßte uns mit offenen Armen. Auf dem Kreuzfahrtschiff hatte ich die alte Dame zunächst für ihre Oma gehalten, aber die war schon lange tot und deren jüngere Schwester war so eine Art Oma-Ersatz für Lucy. Und da ihre Mutter berufstätig war, verbrachte Lucy ihre Ferien meist mit Tante Mary.

"I **hope** you're hungry. There are **scones** waiting **for** you in the kitchen!"

Ich wusste zwar nicht genau, was das war, aber ein köstlicher Duft wie nach Waffeln oder Pfannkuchen durchzog das Haus und machte Appetit.

Die Küche war sehr ländlich eingerichtet. Ich hatte schon oft Ähnliches in Mamas Wohnzeitschriften gesehen.

"There's **also** a **huge** dining room in this house, but I thought you'd prefer to sit in the kitchen. It's much **more cosy**."

---

mansion Herrenhaus
hope hoffe
scones *eine Art Milchbrötchen mit Rosinen*
for auf
also auch
huge riesig
more cosy gemütlicher

Mary stellte einen großen Teller auf den Tisch, auf dem sich die besagten Scones türmten. Dann goss sie jedem von uns einen riesigen Pott Kakao ein. Eine Viertelstunde später hätte man mich locker ins Bett rollen können, dabei hatten wir noch gar nichts von diesem Haus gesehen, und der Garten interessierte mich auch brennend.

Also erhoben wir uns ächzend von den Stühlen und ließen uns von Lucy durch das Haus führen.

Mir blieb beinahe die Spucke weg, als Lucy uns in die Bibliothek führte, die sich auf der anderen Seite der Eingangshalle befand. Das war eindeutig das Paradies! Wir betraten einen riesigen Raum, dessen Wände aus langen Regalreihen aus dunklem Holz bestanden, die vor Büchern überquollen. In gut zwei Metern Höhe verlief eine Art Reling an den Regalen entlang, an der man eine Leiter einhängen konnte, um an die Schätze in den oberen Reihen heranzukommen. Viele Regale waren mit alten, in Leder gebundenen Büchern bestückt, die echte Würde ausstrahlten. Je weiter man in die Bibliothek hineinging, desto bunter wurde das Bild, denn auch unzählige ältere und neuere Taschenbücher füllten die Regale. Tante Mary war offenbar ein Krimifan. Raymond Chandler, Minette Walters, Henning Mankel, Val McDermid. Eine ganze Regalreihe bestand nur aus Büchern von Agatha Christie. Etliche hatte ich selbst schon gelesen, natürlich auf Deutsch.

"*The* ***Hound*** *of the Baskervilles*", las Leon vor. "Das kenn ich doch irgendwoher."
"Das steht bei Mama im Regal", belehrte ich ihn. "Daher kennst du es. Es ist ein Fall von Sherlock Holmes, den sie in ihrer Schulzeit im Englischunterricht gelesen hat."
"Oh, I love **that** book. It'**s set** on Dartmoor. Dartmoor is a **national park north of** Plymouth. It's famous." Lucy deutete in eine unbestimmte Richtung aus dem Fenster.
Das Haus hatte so viele Räume, dass wir bis zum Abendessen nicht dazu kamen, uns alles genau anzusehen. Und danach waren wir so müde, dass wir alle direkt hoch in unser Zimmer gingen. Wir hatten beschlossen, alle gemeinsam in einem Raum zu schlafen. Es war bestimmt lustiger so. Ich hätte es natürlich nie zugegeben und Leon schon gar nicht, aber ich hielt es auch für sicherer. Wenn dieses riesige Anwesen erst einmal in Dunkelheit versank, war es bestimmt weniger unheimlich, nicht allein in einem Zimmer zu sein. Zumal, wenn nachts ein Geist unterwegs war – mochte er nun Tante Mary heißen oder Hui Buh.

---

hound (Jagd)hund
that *hier:* dieses
is set spielt
national park Nationalpark
north of nördlich von

Zirkus Farfalli

Als ich erwachte, stand die Sonne schon recht hoch am Himmel. Ich hatte Mühe mich aus dem kuschelweichen Bett herauszustrampeln. Mein erster Weg führte mich zum Fenster, das ich öffnete, um die frische Morgenluft einzuatmen. Wind strich über die Felder und es sah aus, als wogten Wellen auf einem goldgelben Meer. Ich entdeckte einige Schafe, die mir gestern noch nicht aufgefallen waren. Der Wind sorgte dafür, dass auch die See rauer war als am Tag zuvor. Lucy und Leon schliefen noch, also zog ich mich leise an und verließ das Haus.
Als ich die Eingangstür öffnete, sah ich zum ersten Mal bewusst den schön angelegten Garten, der aus geometrischen, von niedrigen Buchsbaumhecken gesäumten Beeten bestand. Duftende Rosen und Lavendel quollen förmlich daraus hervor. Ich beschloss, mir dies alles später genauer anzusehen und ging um das Haus herum. Als ich hinter der Hauskante hervorkam, blies mir der Wind so heftig entgegen, dass ich fast das Gleichgewicht verloren hätte.
Ich beschloss den Wind zu ignorieren und lief durch die hohen Halme auf das Wasser zu, begleitet vom Summen der dicken Hummeln und Bienen. Eines der Schafe blökte ein vorwurfsvoll klingendes "Mööööh!", als ich an ihm vorbeiging, so als hätte ich es beim Frühstück gestört. Wenige Meter weiter war die Wiese plötzlich zu Ende. Vor mir war ein steiler Abhang.

Ich schirmte meine Augen mit der Hand gegen die Sonne ab und sah mich um. Rechts war in der Ferne ein kleiner Ort zu erkennen, an dessen Rand offenbar ein Zirkuszelt stand. Ich beschloss Lucy beim Frühstück danach zu fragen.
Trotz des Seewindes konnte ich Rufe aus dem Haus vernehmen. Es klang wie "Alina, breakfast!", und das ließ ich mir nicht zweimal sagen.

Eine Stunde später ließ sich Leon mit einem tiefen Seufzer gegen die Banklehne sinken. "Give me a breakfast **like** this every morning and I won't need a plane to go **back home** – I'**ll be able to roll** home **by myself** like a ball."
Mein Bruder sprach mir aus der Seele. Ich war so satt, dass ich kaum 'Piep' sagen konnte, wie schon gestern nach dem Scones-Gelage.
"Lucy, I **saw** a **little** village **not far away**. Is there

like wie
back zurück
home nach Hause
will be able to werde imstande sein
roll rollen
by myself ganz alleine
saw habe gesehen
little kleines
not nicht
far weit
away entfernt

a **circus there at the moment**?"
"Yes, it's a **special** circus. The **artists perform** with **some local kids**. It's a **project** they do with the Plymouth **Children's Home**."
Lucy stand auf und half Tante Mary, den Tisch abzuräumen. Ich tat es ihr nach, aber Leon blieb natürlich sitzen.
"The Home also **earns** money from the project, which helps the children. The circus project is famous **round here**, and the kids love it. We can go there, if you want."
"When?"
"How about **now**?"
"Will Spencer drive **us there**?"
Natürlich, Leon war wieder zu faul zum Laufen.

---

circus Zirkus
there dort
at the moment im Moment
special besonderer
artists Künstler
perform treten auf
some einige
local kids Kinder aus der Gegend
project Projekt
children's home Kinderheim
earns verdient
round here hier in der Gegend
now jetzt
us uns
there dort(hin)

"No, it's not **too** far away."
Ich weiß nicht, was Lucy als *far* bezeichnet hätte. Immerhin waren wir eine gute Stunde zu Fuß unterwegs. Als wir am Zirkusplatz ankamen, lag alles ruhig da.
"**Lunch break**, I **suppose**", sagte Lucy. Tante Mary hatte uns Proviant mitgegeben, was ich nach dem ausgiebigen Frühstück für reichlich überflüssig gehalten hatte. Durch unser spätes Aufstehen und den langen Marsch ging es inzwischen jedoch auf ein Uhr mittags zu. Lucy führte uns um das Zelt herum zu den Wagen. Vor einem der bunt bemalten Zirkuswagen war ein Lamm angepflockt, das freudig blökte, als es uns kommen sah. Lucy ließ es an ihrer Hand lecken, als ohne Vorwarnung die Tür des Wagens aufflog.
In der Tür stand ein Mann, der aussah wie eine ältere Ausgabe von Spencer. Offenbar waren zerrupfte Haare und Vogelgesichter typisch für diese Gegend.
"Hello, Mr Peltham", begrüßte ihn Lucy wie einen alten Bekannten. "How are you?"
"Who's asking?", krächzte der alte Mann.
"I'm Lucy, **sir**. From Greatwater Mansion."
Der Alte sagte etwas, das ich nicht verstand. Lucy schien es nicht anders zu gehen, ihrem ratlosen Blick nach zu urteilen.

---

too zu
lunch break Mittagspause
suppose nehme an
sir *höfliche Anrede für Männer*

"So", sagte Mr Peltham schließlich. "You want to hear my story?" Er wartete unsere Antwort gar nicht ab, sondern ging wieder in den Wagen hinein. Zögernd folgten wir.

"Leon, you **should listen carefully**", wisperte Lucy. "I know his stories and they're **right up your street**."

Als wir im Wagen standen, war klar, was Lucy meinte. Es war dunkel und eng. Am schmalen Ende stand ein Sofa, das über und über mit Decken und Kissen in allen möglichen Rottönen bedeckt war. Vermutlich schlief Mr Peltham dort auch. Es gab einen kleinen Tisch, Regale und eine Waschschüssel. Aber das Bemerkenswerte war, dass in den Regalen lauter kleine Schiffe standen. Dazwischen lagen altertümliche Pistolen, von der Decke baumelte ein Fischernetz und an den Wänden hingen Stücke von altem Segeltuch und eine Piratenflagge. Leon blieb der Mund offen stehen. An seiner Piratenmacke hatte sich nichts geändert. Am liebsten wäre er selber einer, und das, obwohl er mittlerweile zwölf Jahre alt war und wissen müsste, dass es erstens in Europa schon lange keine Piraten mehr gab und der Job zweitens viel zu gefährlich und außerdem kriminell war.

---

should solltest
listen carefully gut zuhören
right up your street genau nach deinem Geschmack

"**Wow**, this is great!" Leon fuhr mit dem Finger über einen Haken, der aussah, als hätte er als Ersatzhand für Käpt'n Hook gedient. "That's a **strange** pirate flag." Er deutete auf die Flagge, auf der zwar die bekannten gekreuzten Knochen zu sehen waren, der Totenschädel darüber jedoch zur Seite blickte und ein Piratenkopftuch sowie einen Ohrring trug. "I know the *Jolly Roger*, but this flag is **completely different**."

Was redete Leon denn da?

"Jolly Roger?"

"Du musst noch viel lernen, Schwesterherz. Du kennst doch die normale Piratenflagge?"

"Die mit dem Totenkopf, der einen von vorne mit leeren Augenhöhlen anstarrt?"

Leon hatte so eine an seinem Bett hängen, das – wie sollte es auch anders sein? – wie ein Piratenschiff gebaut war.

Wow! Mensch!
strange seltsam
completely vollkommen
different anders

“Ja, und mit gekreuzten Knochen darunter. Und diese Flagge nannten die Piraten ‘Jolly Roger’.”
“Aber weshalb? Ich finde, das klingt eher lustig und gar nicht nach Tod und Verderben.”
“Doch. Wenn man weiß, woher es kommt.” Leon sah mich von oben herab an, was ziemlich lustig wirkte. Schließlich war er kleiner als ich.
“Nun sag schon. Ich weiß ja sowieso, dass du in Piratendingen der Größte bist.”
Er schickte Lucy ein triumphierendes Lächeln. Offenbar hatte er vergessen, dass sie mein Kompliment vermutlich gar nicht verstanden hatte.
“Der Begriff stammt vermutlich aus dem Französischen.”
“Du kannst doch gar kein Französisch!”
“Willst du es jetzt wissen, oder nicht? Schließlich stand das so in meinem Buch.”
“Mach schon”, brummte ich.
“Ganz früher wiesen die Piraten mit roten Tüchern auf ihr blutiges Geschäft hin. Die Tücher waren ‘joli rouge’, was so viel heißt wie ‘schön rot’. Und so hat man aus ‘joli rouge’ eben ‘jolly roger’ gemacht und dem Totenkopf damit sozusagen einen Namen gegeben.”
“Und wieso kennst du nun diese Flagge hier nicht?” Schließlich musste ich dem kleinen Besserwisser ja einen Dämpfer verpassen.
“Weil das nicht im Buch stand. Und ich bin schließlich kein Hellseher.”

Als Lucy und Mr Peltham eine Redepause machten, stellte Leon ihm noch einmal die Frage nach der Fahne.

"**Everyone** knows the *Jolly Roger*", brummte der Alte. "But this is the flag of the famous Henry Every. Henry and I **sailed** the seven seas **together**." Mr Pelthams Blick verlor sich in der Unendlichkeit, als würde er sich noch einmal ansehen, was auf den Sieben Weltmeeren geschah.

"We **were on the way** to India **when** we **captured** the **treasure** of the **Great Mogul**. It **was** the biggest **booty of all time**. We were rich. But **afterwards** some of us were **killed**, and Henry Every was never seen **again**."

---

everyone jeder
sailed sind gesegelt
together zusammen
were waren
on the way unterwegs
when als
captured haben erbeutet
treasure Schatz
Great Mogul Großmogul; *frühere Bezeichnung für den indischen Herrscher*
was war
booty Beute
of all time aller Zeiten
afterwards danach
killed getötet
again wieder

Leon fielen fast die Augen aus dem Kopf. Das war eine Geschichte ganz nach seinem Geschmack.

"**What about** your **share** of the treasure? **Did you lose** it?" Am liebsten hätte er Mr Peltham alles auf einmal gefragt, doch dieser dachte gar nicht daran, Leons Fragen zu beantworten.

"I'm tired now. I'm going to sleep." Er schloss die Augen und schien im selben Moment eingeschlafen zu sein.

"I think **we'd better** go outside", flüsterte Lucy, und im Rückwärtsgang traten wir den Weg nach draußen an, denn in dem voll gestopften Wagen war nicht eben viel Bewegungsfreiheit.

"Boah, das glaub ich einfach nicht!", sagte Leon und nach einem fragenden Blick von Lucy setzte er hinzu: "It's **unbelievable**! If he tells me everything he knows, I can **fulfil** all my **dreams**!"

Langsam zweifelte ich an seinem Verstand.

"Leon, don't be **silly**. You are**n't** a five-year-old **any more**. You're twelve! You're too old for this! You don't

---

what about was ist mit
share Anteil
did you lose haben Sie verloren
we'd better wir sollten lieber
unbelievable unglaublich
fulfil erfüllen
dreams Träume
silly doof
not any more nicht mehr

see me playing with Barbie dolls any more, do you?"
"How can you **compare** living the **life** of a pirate to playing with Barbie dolls?" Leon war jetzt echt sauer. Durch sein Geschrei wurden Leute auf uns aufmerksam. Drei Männer, etwa Mitte dreißig, kamen um das Zelt herum auf uns zu.
"Hey, what are you doing here?"
"They**'re arguing**." Lucy grinste die Männer an. "Hello there. These are my friends Alina and Leon from Germany. They're here for the summer holiday."
"I see. Hello, kids", murmelte einer der drei und die beiden anderen nickten dazu.
Sie sahen sich sehr ähnlich. Alle drei hatten dunkle Haare und einen kleinen Kinnbart. Irgendwie sahen sie aus, wie …
"Piraten!", rief Leon aus, als hätte er meine Gedanken erraten.
Die drei sahen sich an und lachten.
"Clever little boy", sagte der mittlere Typ, der sich von den beiden anderen dadurch unterschied, dass er anstelle brauner Augen eisblaue hatte. Er sah mich ebenfalls an und ich hatte den Eindruck, sein Blick würde mich förmlich durchbohren. Vermutlich lese ich zu viele schlechte Bücher, aber genau so empfand ich es.

compare vergleichen
life Leben
are arguing streiten sich

Tanze Tango mit mir!

Auf dem Rückweg hatte Lucy uns darüber aufgeklärt, dass die drei als Piraten im Zirkus auftraten. Wir hätten uns das gerne angesehen, aber es zogen dunkle Wolken auf und so beschlossen wir, einfach an einem anderen Tag die Vorstellung zu besuchen.

Wir hatten die schwarze Wolke leider viel zu spät bemerkt, und so kamen wir in einen üblen Platzregen, der anhielt, bis wir Greatwater Mansion erreichten.

Spencer und Tante Mary versorgten uns mit Decken und heißem Kakao. Als wir wieder trocken waren, hatte der Regen noch immer nicht aufgehört.

"What was the name of the pirate Mr Peltham **mentioned**? Henry, Henry ..."

"Henry Every. Shall we **look up** the name in our library?", schlug Lucy vor.

"Do you think you'll have a book about him? Mr Peltham **said** he sailed the seven seas with him. I can't **imagine that** anyone**'s written** a book about him **already**." Leon zog die Nase kraus.

---

mentioned erwähnt hat
look up nachschlagen
said hat gesagt
imagine mir vorstellen
that *hier:* dass
has written hat geschrieben
already schon

"Maybe we'll **be lucky**. And **even if** we don't **find** a book about him, there are lots of **other** pirate stories on the **shelves**."

Das musste sie nicht zweimal sagen, da hatte Leon sich schon aus seiner Decke gewurstelt und war aufgestanden. "What are you waiting for?"

Wir folgten ihm in die Bibliothek, und wieder zog beim Anblick der vielen tausend Bücher ein wohliger Schauer meinen Rücken hinunter. Doch wie sollten wir hier ein bestimmtes Buch finden?

Lucy führte uns zu einem großen Karteikasten in einer Ecke der Bibliothek. "**When** Spencer **is**n't driving or **cleaning** the house, he'**s working** in the library, writing these **files**. You can look up books using **keywords**. The shelf **number** of the book is written on the **card**."

Gutes, altes Mittelalter! Ich kannte das Wort *file* bislang

---

be lucky haben Glück
even if selbst wenn
find finden
other andere
shelves Regale
when wenn
is cleaning putzt
is working arbeitet
files Karteikarten
keywords Stichwörter
number Nummer
card Karteikarte

nur als Begriff für eine Computerdatei. Doch einen Computer hatte ich im ganzen Haus nicht gesehen. Sonst hätten wir ja auch einfach rasch nach Henry Every googeln können.

Unter *H* und *E* wurden wir nicht fündig, also schauten wir unter *P* nach und fanden einen Eintrag *pirates*. "L VIII/pi" stand dahinter. Den Bereich L VIII fanden wir schnell – schließlich hatte Spencer alles vorbildlich beschriftet und nummeriert. Die Bücher mit der Bezeichnung "pi" standen auf dem achten Brett von unten. Leon ließ es sich nicht nehmen, höchstpersönlich die Leiter zu erklimmen und nachzusehen. Mit zwei Bänden kam er wieder herunter.

Da hörten wir die Türklingel durch das Haus schallen. Anschließend wurde der Türklopfer betätigt, und zwar genau vier Mal. Als Tante Mary lauthals kreischte, ließen wir die Piratenbücher liegen und sahen nach, was da los war. Tante Mary überholte Spencer in der Halle mit einem Tempo, das wir ihr gar nicht zugetraut hätten, und riss die Tür auf.

"Gilberto!"

"Mary, my girl!"

Tante Mary und der Mann umarmten sich auf der Türschwelle, kamen aber rasch ins Haus zurück, da es immer noch stark regnete.

In der Halle stand die alte Ausgabe von Elvis Presley. Ein wenig dicklich, schwarz gefärbte Haare, die Schmalzlocke mit Gel in Form gehalten. Trotz des Regens eine große Sonnenbrille auf der Nase, Panzerkette um den Hals und dicke, protzige Ringe an den kurzen Wurstfingern. Es war unverkennbar Gilberto Tango, ein Schlagersänger, der seine Blütezeit gehabt hatte, als Tante Mary noch ein junges Mädchen war. Sie hatte ihn im letzten Jahr auf dem Kreuzfahrtschiff kennengelernt, wo Gilberto mit seiner Band aufgetreten war. Sie waren sich näher gekommen und Gilberto hatte auch dabei geholfen, den Fall der Schmuckdiebstähle aufzuklären. Und nun war Gilberto hier, und das offenbar nicht zum ersten Mal.

"Hello again, kids! Everything okay with you?"

Wir nickten und erwiderten seinen Gruß. Gilberto sprach auch mit uns Englisch, obwohl wir ihn auf dem Schiff dabei erwischt hatten, wie er in breitestem Hessisch babbelte. Aber Englisch gehörte zu seinem Image, und er wich nur im Notfall davon ab.

"Why **have** you **arrived** today? I **was expecting** you in two weeks!" Lucys Tante war sichtlich irritiert.

"Shall I **leave**?", fragte Gilberto und lachte tief und dröhnend. "The **cruise ship**'s **engine** was **damaged**

---

have arrived bist angekommen
was expecting habe erwartet
leave gehen
cruise ship Kreuzfahrtschiff
engine Triebwerk
damaged beschädigt

and they **couldn't repair** it **in time**. They **told** everyone who wasn't an **engineer** to leave." Er nahm Tante Mary wieder in den Arm und küsste sie. Mary wurde ein kleines bisschen rot. Süß waren die beiden. Total verliebt, und das in dem Alter!

Wir gingen in die Küche hinüber. Spencer kochte Kaffee für Gilberto und bereitete das Abendessen vor. Gilberto erzählte ein wenig darüber, wie es ihm ergangen war, seit wir ihn das letzte Mal gesehen hatten.

"I'm still performing on cruise ships, but **none** of my **trips has been** as **exciting** as **the one** with you last year!" Er nahm einen großen Schluck Kaffee.

"When I'**m** not **travelling**, I **spend** every minute with Mary." Gilberto drückte ihre Hand und sie lächelte glücklich.

---

couldn't konnten nicht
repair reparieren
in time rechtzeitig
told haben aufgefordert
engineer Ingenieur(in)
none keine
trips Reisen
has been ist gewesen
exciting aufregend
the one diejenige
am travelling reise
spend verbringe

Überraschung im Wald

Gilberto hatte versprochen, am nächsten Tag mit uns in die Nachmittagsvorstellung des Zirkus Farfalli zu gehen. Und da wir am Vormittag noch nichts vor hatten und die Sonne wieder mit aller Macht vom Himmel schien, wollte Lucy uns etwas zeigen.
Wir verließen den Garten vor dem Haus in östlicher Richtung und gingen einen Feldweg entlang, der direkt auf ein kleines Wäldchen zuführte.
"Everything round here **belongs to** Greatwater Mansion." Lucy streckte den Arm aus und deutete auf die Gegend rundherum.
"Your aunt **must** be very rich."
"She is. She **inherited** Greatwater Mansion, and lots of money too. But she's very **generous**. She **gave quite a lot** to the children's home when they needed money for the circus project."
"**Wouldn't it have been better** to give the money

belongs to gehört zu
must muss
inherited hat geerbt
generous großzügig
gave hat gegeben
quite ziemlich
a lot viel
wouldn't it have been better wäre es nicht besser gewesen

directly to the children?" Ich fand den Umweg irgendwie blöd.

"But what would they do with it? **Spend** it, and **then be bored** all day? Now they have a **mission**. They **have to** feed the animals and **practise** for the **performances**. They're busy, and they're learning **something important**, too: **responsibility**."

Leon rümpfte die Nase: "You **sound** like our mum."

Bald darauf traten wir in den kühlen Schatten hoher Bäume. Winzige Frösche sprangen vor uns über den Weg und wir mussten höllisch aufpassen, keinen zu zertreten. Offenbar kamen sie alle aus dem Teich am Waldrand.

Aber das war es nicht, was Lucy uns zeigen wollte. Sie ging weiter, bis wir an eine kreisrunde Lichtung kamen. Entweder war das Wäldchen von vorneherein um diese Stelle herum angelegt worden, oder die Bäume waren für das, was uns in der Mitte erwartete, gefällt

---

directly direkt
spend ausgeben
then dann
be bored sich langweilen
mission Auftrag
have to müssen
practise üben
performances Aufführungen
something important etwas Wichtiges
responsibility Verantwortung
sound klingst

worden. Lucy breitete die Arme aus, als hätte sie sich das bei einem Zirkusdirektor abgeschaut:

"Dadada-daaa! I **proudly present** the **cemetery** of Greatwater family."

Die Greatwaters hatten einen eigenen Familienfriedhof!

Die Gräber reichten bis ins fünfzehnte Jahrhundert zurück, obwohl es schwierig zu erkennen war, da viele der ganz alten Steine schon stark verwittert waren. Mit Moos, Algen und Flechten überzogen, trotzten sie seit Jahrhunderten der Witterung, aber so manche Inschrift war wieder mit dem Stein verschmolzen. Wir sahen sogar Grabsteine mit Runenschrift, aber die konnten wir natürlich nicht entziffern. Es war im wahrsten Sinne des Wortes totenstill. Doch -

"Did you hear that?" Leon legte eine Hand hinters Ohr und wir lauschten ebenfalls.

"**Over there**!", sagte Lucy und wir folgten dem leisen Fiepen, das vom äußeren Ring herzurühren schien, genau auf der gegenüberliegenden Seite von dort, wo wir standen.

Das Fiepen wurde lauter, also waren wir auf der richtigen Spur. Und dann bemerkten wir auf einem der Gräber eine Bewegung. Ein Tier.

---

proudly stolz
present stelle vor
cemetery Friedhof
over there da drüben

"It's a dog! **Look**, it's ill!", rief Lucy und lief auf den Hund zu, dessen langes Zottelfell über und über mit Erde und Moos und Herbstlaub bedeckt war.

"Be careful!" Ich dachte an die Mahnungen meiner Mutter, sich nie einem Tier zu nähern, das alleine war und besonders zutraulich oder krank wirkte. Aber Lucy hörte nicht auf mich. Der Hund versuchte aufzustehen, war aber offensichtlich zu schwach.

"He's very thin. Looks **as if** he **hasn't been fed** for a long time."

Als hätte er Lucy verstanden, fiepte er wieder, blickte

Look! Schaut!
as if als ob
has not been fed ist nicht gefüttert worden

dann auf das Grab und begann im Liegen darauf herumzuscharren. Er musste dort schon länger gebuddelt haben, denn durch die aufgewühlte Erde sah das Grab wie frisch ausgehoben aus. Das konnte jedoch nicht sein, denn der Grabstein verkündete, dass es sich um die letzte Ruhestätte von Everett Greatwater handelte, gestorben 1703.

“We have to take him home. He needs something to eat.”

“But he's too **weak** to walk. And he's too big for us to carry him back to the house”, wandte ich ein.

“Alina, go and **get some** water from the pond!” Lucy zeigte in die Richtung, aus der wir gekommen waren.

“How do you want me to bring it? In my hands? There'll be nothing **left** when I get back.”

“**I've got** an idea!” Leon förderte eine Tafel Schokolade zutage, packte sie aus und formte eine Schale aus der Folienverpackung. Manchmal war mein kleiner Bruder ja doch zu etwas zu gebrauchen.

Ich lief los und holte Wasser. Als ich zurückkam, versuchte Lucy Leon gerade davon zu überzeugen, dem Hund etwas von seiner Schokolade abzugeben.

“Dogs shouldn't eat chocolate. It makes them ill.” Leon

---

weak schwach
get hole
some etwas
left *hier:* übrig
I've got ich habe

hatte zwar Recht, aber noch schlechter konnte es diesem Tier doch gar nicht gehen. Kurz entschlossen nahm ich ihm mit der freien Hand die Schokolade weg und übergab sie Lucy. Die hielt sie dem Hund hin, bevor Leon dazwischen gehen konnte. Das Zotteltier begann zunächst vorsichtig, dann immer kräftiger an der Tafel zu schlabbern. Zwischendurch gab ich ihm immer einen Schluck Wasser aus der provisorischen Schale zu trinken. Als die Schale leer war, hielt er inne und pupste.
"That sounded like 'Doodle'!", stellte ich fest. "Let's **call** him that!"
"Doodle? Why not?" Wir lachten und streichelten sein verfilztes Fell. Da würde noch einiges an Arbeit auf uns zukommen, bis seine langen Haare wieder seidig glänzten.

Als würde Doodle die Namensgebung beflügeln, versuchte er noch einmal aufzustehen, und siehe da – er schaffte es! Noch ein wenig wackelig auf den Beinen, trottete er einige Schritte vom Grab weg, drehte sich dann wieder um und winselte erneut.
"Isn't it strange?" Leon deutete zu den Bäumen hinauf, die mit saftig grünem Laub den Friedhof umstanden. "It's summer. Why are there are so **many dead** leaves on this **grave**?"

---

call nennen
many viele
dead tote
grave Grab

Leon hatte Recht. Nirgendwo lag Herbstlaub – nur auf dem Grab, an dem wir Doodle gefunden hatten. Ich fegte ein wenig davon mit der Hand beiseite. Aber bis auf die aufgewühlte Erde war nichts Außergewöhnliches zu entdecken.

Wir beschlossen mit Spencer oder Gilberto irgendwann einmal genauer nachzusehen.

Wir kamen spät an in Greatwater Mansion, weil Doodle wirklich nur sehr langsam laufen konnte und viele Pausen brauchte. Ich hatte am Teich noch einmal die Alu-Schale mit Wasser gefüllt, aber der arme Kerl brauchte etwas wirklich Kräftiges zu futtern, so viel stand fest.

Gilberto und Tante Mary hatten sich bereits gefragt, wo wir denn blieben, aber als wir ihnen Doodle präsentierten, war schnell klar, dass wir den Zirkusbesuch wohl würden verschieben müssen.

Tante Mary kochte kurz entschlossen eine Hühnersuppe, weil Hühnersuppe noch jeden wieder auf die Beine gebracht hat, wie sie sagte. Sie schickte Spencer nach Hundefutter, einer Hundebürste und Flohspray – man konnte ja nie wissen.

Auf ihr Geheiß hin, schrieben wir auch äußerst widerstrebend kleine Zettel, um den wahren Besitzer von Doodle ausfindig zu machen. Dabei übernahm ich das Zeichnen. Schon beim dritten Blatt sah mein Gekritzel Doodle durchaus ähnlich.

Unten schnitten wir das Blatt ein und schrieben auf jeden Abschnitt Tante Marys Telefonnummer, so dass man den Schnipsel einfach abreißen und mitnehmen konnte.

Als Spencer losfuhr, um die Zettel aufzuhängen, hoffte ich sehr, dass sich der eigentliche Besitzer nicht melden würde. Und den traurigen Gesichtern von Lucy und Leon nach zu urteilen, hatten sie dasselbe im Sinn.

Am Abend hatte Doodle sich kugelrund gefuttert, war gebadet, gekämmt und sah nun wieder aus wie ein Bobtail. Er würde zwar noch deutlich zunehmen müssen, aber in akuter Gefahr schien er nicht mehr zu sein.

Is your dog missing? Ist Ihr Hund verschwunden?
(have) found (haben) gefunden
owners Besitzer
call rufen Sie an

Nächtlicher Besuch

Im Bett dachte ich lange darüber nach, wieso der arme Doodle wohl auf dem Grab ausgeharrt hatte. Sollte er dort irgendetwas bewachen und man hatte ihn vergessen? Verletzt war er auch nicht gewesen, nur völlig entkräftet. Und was hatte es mit dem Herbstlaub auf sich?

Irgendwann fiel ich in einen unruhigen Schlaf und wurde wenig später durch einen lauten Knall wieder aufgeweckt.

"Did you hear that?" Lucy war also auch wach.

"Yes. Was that your ghost?"

"I think so. Let's **have a look**, shall we?"

Ich war nicht gerade begeistert. Selbstverständlich glaubte ich nicht an Gespenster, und es war ja auch möglich, dass bloß Doodle in der Küche etwas umgestoßen hatte. Doch in diesem Haus war einfach alles unheimlich, sobald es in tiefe Dunkelheit getaucht war. Ich rüttelte Leon wach, der natürlich gar nichts mitbekommen hatte. Ich schilderte ihm kurz, was wir vorhatten, und er folgte uns brummelnd. Ganz langsam öffneten wir die Zimmertür, deren Knarren im Finstern sehr bedrohlich klang. Auf Zehenspitzen tapsten wir über die Galerie und hielten ab und zu inne, um zu lauschen.

---

have a look nachsehen

Es war jedoch nichts zu hören und so schlichen wir die Treppe hinunter.

"We could wake Aunt Mary up **while** she'**s sleepwalking**. Maybe then she'll understand that *she*'s the ghost."

Wir lauschten an der Tür zur Küche, die nur angelehnt war. Etwas rumorte dahinter und ich hoffte, es wäre einfach nur Doodle, denn ich wollte Tante Mary nicht unbedingt im Nachthemd erschrecken. Als wir eintreten wollten, knarrte auch diese Tür so laut, dass dadurch Tote hätten geweckt werden können. Allerdings übertönte das Geräusch nicht das Poltern aus der Küche. Wir drehten rasch am Lichtschalter, aber da war niemand. Doodle lag ruhig auf der Decke, die wir ihm in einer Ecke zurechtgelegt hatten, und kein Mensch war zu sehen.

"You **really** do have a ghost", sagte Leon, und es klang, als wäre er ernstlich besorgt.

Lucy war derweil zu Doodle hinübergegangen und hatte sich zu ihm hinuntergebeugt. "**There's something wrong** with him! He **is**n't **breathing**! Call the **vet**!"

---

while während
is sleepwalking schlafwandelt
really wirklich
there's something wrong irgendetwas stimmt nicht
is breathing atmet
vet Tierarzt

Ich flitzte los und klopfte an Tante Marys Tür. Lucys Tante wurde nicht schnell genug wach, dafür hörte Gilberto mein Klopfen. Offenbar teilten die beiden tatsächlich auch das Bett! Aber darüber nachzudenken blieb keine Zeit.

"Es ist etwas mit Doodle. Lucy sagt, er atmet nicht."

Gilberto sauste im Schlafanzug zur Küche, warf einen Blick auf den Hund und rannte dann zum Telefon in der Halle.

Dafür dass Greatwater Mansion ein gutes Stück außerhalb lag, war der Tierarzt geradezu blitzartig da. Es stellte sich heraus, dass Doodle schon noch geatmet hatte, aber ganz schwach. Dr. Pepper gab ihm eine Spritze.

"He's been **poisoned**. **Somebody tried** to **kill** him."

"But there was **nobody** here when we arrived!"

"Maybe somebody was here ***before*** you arrived. **Did you check** the window?"

Das hatten wir natürlich nicht. Leon ging zum Fenster.

---

poisoned vergiftet
somebody jemand
tried hat versucht
kill töten
nobody niemand
before bevor
did you check habt ihr überprüft

Es war tatsächlich nur angelehnt.
"I think we should call the **police**", stellte Gilberto trocken fest.
Geraume Zeit später trafen zwei Polizisten ein: Inspector Mouse und **PC** Kenwood. Sie stellten uns Fragen zu dem nächtlichen Besucher, die wir alle nicht beantworten konnten, denn wir hatten ja niemanden gesehen. Trotzdem machte sich PC Kenwood eifrig Notizen. Doch warum jemand Doodle umbringen wollte, der doch noch gar nicht wieder völlig bei Kräften war und außerdem erst seit einigen Stunden im Haus, das konnten sie auch nur vermuten.
"It was dark, and the **intruder** couldn't see that the dog **wasn't well**. He **was probably planning** to steal something, and he poisoned the dog so he wouldn't **bark**. But then you **came in**, and he couldn't **finish** the job."
"Job!" Tante Mary, die sich nun auch im Morgenmantel eingefunden hatte, schnaubte verächtlich. "So you think he might come back?"

---

police Polizei
PC (Police Constable) Wachtmeister
intruder Eindringling
he wasn't well es ihm nicht gut ging
probably wahrscheinlich
was planning plante
bark bellen
came in seid hereingekommen
finish zu Ende bringen

Inspector Mouse, der offenbar der Chef von PC Kenwood war, schüttelte energisch den Kopf. "No, I don't think so. It would be too **risky**. Or do you have something so **valuable** in the house that it would be **worth** it for him?"

---

risky riskant
valuable wertvoll
worth wert

Tante Mary überlegte eine Weile. "No, nothing very valuable. Only some old books, but they aren't worth much."
"Then we think you're **safe** for now."
Damit verabschiedeten sich die beiden Polizisten und ließen uns wieder allein.
Doodle hatte sich inzwischen so weit erholt, dass auch Dr. Pepper wieder in sein Bett zurück konnte. "Watch him, keep him warm, give him water. He's lucky that you found him in time."
Wir nahmen Doodle mit in unser Zimmer, denn wir wollten ihn ganz sicher nicht noch einmal allein dort unten lassen. Doodle war das nur recht, und er sprang mit einem Satz zu Leon und mir auf das große Bett. Tante Mary wollte erst schimpfen, aber sie lächelte dann doch, als sie sah, wie Doodle sich an uns kuschelte.
"**All right**, I'll make an **exception**. Just for tonight!" Sie hob drohend den Zeigefinger und mir war nicht ganz klar, ob das an Doodle oder an uns gerichtet war.

---

safe sicher
all right in Ordnung
exception Ausnahme

Manege frei!

Am nächsten Tag beschäftigten wir uns zunächst eingehend mit Doodle, damit er wieder ordentlich zu Kräften kam. Nachmittags holten wir dann den verschobenen Zirkusbesuch nach, wobei wir Doodle bei Tante Mary ließen. Wir waren uns nicht sicher, ob er schon wieder so weit genesen war, um mitzukommen. Außerdem wussten wir ja nicht, ob wir ihn mit ins Zelt nehmen durften, und alleine draußen lassen wollten wir ihn auf keinen Fall.

Als wir mit Gilberto beim Zirkus ankamen, war bedeutend mehr los als bei unserem ersten Besuch. Bunt gekleidete Kinder wuselten überall herum und an der Kasse hatte sich eine Schlange gebildet. Dieser Zirkus hier schien wirklich beliebt zu sein. Ich war gespannt, was uns erwartete, denn der Andrang wurde immer größer.

Der Zirkusdirektor war eine Frau und zugleich die Leiterin des Kinderheims, wie Lucy uns erklärt hatte.

"Welcome to Circus Farfalli! Thank you **for supporting** our project. It helps our children to **take on** responsibility and to be proud of what they **achieve**.

---

for supporting dafür, dass Sie unterstützen
take on übernehmen
achieve erreichen

We have some older children in the show, and some very young ones. Please **give them a big hand**."
Den bekamen sie nun schon vorab vom Publikum, und Mrs Harper, die Direktorin, machte eine kleine Pause, bevor sie fortfuhr: "We hope you enjoy the perfomance!" Daraufhin setzte die Musik ein, und zwei kleine Mädchen, nicht älter als vielleicht sieben Jahre, betraten mit Kaninchen auf dem Arm die Manege. Sie hielten die Tiere hoch, damit jeder sie gut sehen konnte, und verbeugten sich dann. Die schwarz-weiß gefleckten Kaninchen hüpften auf Kommando über Stöcke, hoppelten Treppen hoch und sprangen als Höhepunkt durch einen kleinen Feuerreifen. Feuerrot waren auch die Wangen der Mädchen, die in ihren Glitzerkleidchen wirklich ***cute*** aussahen. Als sie abgingen, bekamen sie viel Applaus.
Als Nächstes kam ein Junge. Er mochte etwa vierzehn sein und hatte dunkle, kinnlange, gewellte Haare. Zu unserer Überraschung kletterte er hoch unter das Dach des Zirkuszeltes und betrat das dort gespannte Drahtseil. Ich hatte zwar schon Männer mit langen Stangen in der Hand über ein Seil balancieren sehen, aber mit Drahtseilartistik verband ich trotzdem eher zierliche Mädchen mit rosa Kleidchen und Schirmchen in den Händen. Nun hatte ich also wieder etwas

---

give them a big hand applaudieren Sie
cute niedlich

gelernt, denn der Junge flitzte förmlich über das Seil, ohne Stange, ohne Haltegurt. Er machte dort oben sogar einen Handstand. Ich atmete hörbar auf, als er wieder die Strickleiter hinabstieg und auf sicherem Boden stand. Leon sah mich von der Seite an und grinste.

"Na, Schwesterherz, der gefällt dir wohl. Soll ich ihn für dich nach seiner Telefonnummer fragen?" Dafür hatte Leon sich eine Kopfnuss verdient, aber das brachte ihn nur dazu, noch breiter zu grinsen.

"And now, **ladies and gentlemen**, I proudly present the Pirates of Plymouth!" Die Zirkusdirektorin deutete auf den Manegeneingang, aus dem drei Männer in Piratenkostümen hervorpurzelten. Erst dachte ich, es wären Clowns im Piratenkostüm, doch die eigentliche Nummer war Akrobatik.

"They're the ones we saw last **time**", wisperte mir Lucy ins Ohr. Tatsächlich. Das waren die drei Kerle, die neulich wissen wollten, was wir bei Mr Peltham Wagen zu suchen hatten. Und genau in diesem Moment starrte der Typ mit den eisblauen Augen direkt zu mir herüber. Ich fand das sehr unangenehm; am liebsten wäre ich für einen Moment nach draußen gegangen, aber das ging natürlich nicht, und ich wollte auch nicht noch mehr Aufmerksamkeit auf mich lenken.

---

ladies and gentlemen meine Damen und Herren
time *hier:* Mal

Die Piraten waren ziemlich gut und bekamen viel Applaus. Danach voltigierten drei Mädchen auf Ponys. Eines von ihnen war sicher noch nicht einmal in der Schule und das Pony war auch ganz besonders winzig. Niedlich war, dass irgendwann das Lämmchen, das uns angeblökt hatte, ebenfalls in die Manege kam und den Ponys hinterherlief.

Nach einer Clownsnummer war Pause und wir vertraten uns ein wenig die Füße. Wir kamen an Mr Peltham's Wagen vorbei. Der alte Mann saß auf den Stufen vor seiner Eingangstür in der Sonne. Als er uns entdeckte, verfinsterte sich seine Miene.

"The pirates are coming to get you!", rief er uns zu. "Run for your **lives**!"

"Are you okay, Mr Peltham?", fragte Lucy und ging zu ihm.

"No. My feet **are aching**", sagte er ganz normal und zeigte auf seine Füße, die in Cowboystiefeln steckten, die ihm offenbar zu klein waren. Doch als sein Blick wieder auf Leon fiel, ging das Geschrei von vorne los: "Pirates! The pirates are coming! Run – run and hide!" Mr Peltham wirkte äußerst aufgeregt; auch Lucy konnte ihn nicht beruhigen. Mir war das Ganze unheimlich. Es war, als würden zwei verschiedene Personen auf der Wagentreppe sitzen.

---

lives Leben
are aching tun weh

"Matt! Can you help me with Mr Peltham?" Der Matt, den Lucy ansprach, war niemand anderes als der Drahtseiljunge, wie ich ihn insgeheim bereits nannte.
"**Don't worry.** He's been talking like that for days. He really **seems** to think he's a pirate."
"But he seems to be **terribly** afraid of something. Can't **anybody** help him?"
"Not really. None of us know what he'**s shouting** about. He seems to be getting more and more confused."
Mir fiel etwas ein. Weshalb wohnte Mr Peltham überhaupt hier? Ich dachte, der Zirkus war ein Projekt für die Heimkinder? Die Zirkusdirektorin sagte zwar, dass auch erwachsene Artisten den Zirkus unterstützen, aber Mr Peltham war kein Artist, und er war auch nicht mehr in der Lage, anderweitige Arbeit zu übernehmen. Ich fragte Matt danach und ärgerte mich darüber, dass ich dabei rot wurde wie eine Tomate.
"Mr Peltham was the **caretaker** in the children's home when he was younger. He lived in a special caretaker's flat there with his son. **A few years ago**

Don't worry. Mach dir keine Sorgen.
seems scheint
terribly furchtbar
anybody irgendjemand
is shouting schreit
caretaker Hausmeister
a few years ago vor einigen Jahren

they **had** a terrible **fight** about something. Mr Peltham's son **threw** him **out**, and then he **vanished without a trace**. We have a new caretaker now, but Mrs Harper **lets** Mr Peltham live in the circus **caravan**, because **otherwise** he would be **homeless**."
"Mrs Harper must be a very nice person."
"Oh, yes, she is." Matt lächelte mich an. "Mr Peltham used to help feed the animals, but now he isn't able to do anything. He's a lucky man. But he's living in his **own** world. Why haven't I seen you here **before**?", fragte Matt und ich erzählte ihm, dass wir nur zu Besuch bei Lucy waren.
"Oh." Es sah aus, als würde er das bedauern, was mich natürlich freute. "Have you already seen our animals?", fragte er und ging einfach los, ohne abzuwarten, ob wir ihm folgen würden.
Wir hatten die Tiere beim letzten Mal nicht bemerkt, weil wir uns auf der anderen Seite des Zeltes aufgehalten hatten. Auch diesmal konnten wir nur einen

---

had hatten
fight Streit
threw out hat rausgeworfen
vanished without a trace ist spurlos verschwunden
lets erlaubt
caravan Wohnwagen
otherwise ansonsten
homeless obdachlos
own eigenen
before vorher

ganz kurzen Blick auf die Kaninchen und Ponys werfen, weil eine Sirene ankündigte, dass die Vorstellung weiterging.

Als wir in das Zirkuszelt zurückgingen, war in der Manege ein Raubtierkäfig aufgebaut. "That's strange. I haven't seen any lions or tigers." Leon machte ein ratloses Gesicht, aber Lucy grinste nur.

Kurz darauf wussten wir auch, weshalb. Ein kleiner Junge, gekleidet wie ein Dompteur, kam mit Peitsche in die Manege und verneigte sich tief. Er rief einige Kommandos, wie es bei Raubtierdressuren üblich war, und herein kam ein Tiger. Aber was für einer! Offenbar steckten zwei Kinder in einem Tigerkostüm. Es sah wirklich zum Schießen aus, wie die beiden auf den ihnen zugewiesenen Platz sprangen. Zwei weitere Tiger und ein Löwe kamen noch hinzu.
Die Kinder waren echt gut. Etwas bange wurde mir dann doch, als der größte Tiger wie zuvor das gefleckte Kaninchen durch einen brennenden Reifen springen sollte. Die Kinder im Kostüm nahmen Anlauf – und kurz vor dem Sprung zogen sie den Reißverschluss am Bauch auf, stiegen aus dem Kostüm und verbeugten sich. Großer Applaus war ihnen sicher.
Wir kamen sehr zufrieden aus der Vorstellung. Das war einmal etwas ganz anderes gewesen und ich hatte zudem noch das Gefühl, etwas Gutes getan zu haben. Wir gingen noch einmal zu den Kaninchen und kamen dort mit den Darstellern der Löwen und Tiger ins Gespräch.
"That was fantastic!" Leon sah wirklich beeindruckt aus. "How did you do it?"
Ein dunkelhaariges Mädchen lachte. "**Top secret**! But it's getting much more difficult. I don't know why, but

---

top secret streng geheim

it feels like the tiger is eating too much. The **costume** is getting heavier every day." Sie kicherte und verabschiedete sich.

Auch wir brachen auf und trafen vor dem Zelt auf Tante Mary, die mit Doodle auf uns wartete.

"Doodle **was missing** you, so Spencer and I **brought** him here. It's good for him to go **out**." Auf unseren fragenden Blick setzte sie hinzu: "Good for Doodle, **I mean**, not for Spencer."

Wir gingen noch ein Stück über den Zirkusplatz, um Doodle mit den anderen Tieren bekannt zu machen. Bei den Kaninchenställen war der Pirat mit den eisblauen Augen gerade dabei, die Tiere zu füttern.

Leon ergriff die Gelegenheit beim Schopfe und textete ihn mit seiner Lieblingsfrage zu: "Are you a **real** pirate?"

Meine Güte, diese Frage konnte doch selbst mein kleiner Bruder nicht wirklich ernst meinen! Aber der stoppelbärtige Kerl ging voll darauf ein: "That I am. My name is Tex Avery and I sailed the seven seas for

---

it feels like es fühlt sich an, als ob
costume Kostüm
was missing hat vermisst
brought haben gebracht
out raus
I mean meine ich
real echt

many years. But then my ship was **wrecked** in a storm, so I **had to** do **something else**." Er lachte dröhnend, aber es klang nicht herzlich. Außerdem lag etwas Seltsames in seinem Blick, als er Doodle ansah. Er beugte sich hinunter, um ihn zu streicheln, doch Doodle wich einige Schritte zurück, knurrte und bellte dann.
"He'**s** never **done** that before", wisperte ich Lucy ins Ohr.
"Maybe he thinks Tex looks **scary**."

Auf dem Weg zum Auto kamen wir noch einmal an Mr Pelthams Wagen vorbei. Doodle lief auf ihn zu und Mr Peltham streichelte ihn. Kein Wort der Warnung kam mehr über seine Lippen. Wir konnten Doodle kaum loseisen, aber wir wollten noch ein bisschen weiter und der Bobtail kam schließlich widerstrebend mit.
Wir fuhren zum Hafen, liefen am Kai entlang und bewunderten die Schiffe. Es war richtig erholsam, den Bootsleuten beim Deckschrubben zuzuschauen, und Frauen im Bikini beim Sonnen.
"Look, over there!" Lucy stupste Leon mit dem

---

wrecked zerstört
had to musste
something else etwas anderes
has done hat gemacht
scary furchterregend

Ellenbogen an und deutete auf ein weißes Schild, auf dem mit roten Buchstaben ***Lobster Tails*** stand. Hummerschwänze interessierten ihn naturgemäß nicht sehr, aber daneben lag ein schwarzes Schiff mit Piratenflagge – dem Jolly Roger, wie ich nun wusste – und an Bord liefen Leute mit Piratenhüten, Kopftüchern und Augenklappen herum.

"You can **book** pirate trips there, you know. They **specialise in birthday parties**."

"I don't want to *play* at being a pirate, I want to *be* a pirate!"

Ganz oder gar nicht also. So stur war mein kleiner Bruder immer.

Die sonnenbadenden Frauen nahmen mit einem Mal Reißaus, denn es hatten sich wieder einige Wolken gebildet, und auch ich bekam die ersten Tropfen auf meine nackten Oberarme. Doodle sah auch ganz schön geschafft aus. Es war ziemlich viel für den ersten Spaziergang. Und er musste unbedingt fit bleiben, denn wir wollten am nächsten Tag mit Gilberto zum Friedhof gehen und nachsehen, was es mit dem Grab auf sich hatte. Also fuhren wir zurück nach Greatwater Mansion.

---

lobster Hummer
tails Schwänze
book buchen
specialise in sind auf ... spezialisiert
birthday parties Geburtstagsfeiern

Henry Every

"The books about pirates! We completely **forgot** about them!" Gerade hatten wir das Abendessen in uns hineingeschaufelt – es hatte frisches Brot und verschiedene Sorten Schinken gegeben –, als Leon aufsprang und zur Bibliothek hinüberlief.

"Okaaay, let's go", murmelte ich und erhob mich von der Küchenbank, obwohl ich gerade ein wenig schläfrig wurde.

Die Bücher lagen noch ebenso da, wie wir sie zurückgelassen hatten. Wir halfen Leon, die richtige Seite zu finden.

"Sir Francis Drake!" Lucy deutete auf eine Seite. "He **was born** in Crowndale **near** Plymouth **around** 1540."

"I'm looking for Henry Every", maulte Leon und blätterte weiter. Schließlich entdeckte er eine Abbildung der ungewöhnlichen Piratenflagge, die wir in Mr Pelthams Zirkuswagen gesehen hatten. Daneben war eine längere Abhandlung über Henry Every zu lesen. Man nannte ihn *arch pirate*. Die direkte Übersetzung dafür lautete Erzpirat – das musste uns Gilberto verraten – und es bedeutete wohl, dass er ein besonders erfolgreicher Beutejäger war.

---

forgot haben vergessen
was born wurde geboren
near bei
around um

"He used **several** other names – John Avery, Tex Avery, Long Ben und Ben Bridgeman", las Lucy vor.
"Tex Avery!" Ich quietschte vor Schreck. "That was the name of that horrible pirate at the circus, the one who **frightened** Doodle!"
"Don't be silly! He has nothing to do with Henry Every." Doch Lucy konnte weder mich noch Leon recht überzeugen.
"Why not? It's **possible**."
Lucy stöhnte entnervt auf. "Look: Henry Every was born in Plymouth in 1653 and vanished without a trace in 1696! He's been dead for more **than** three **hundred** years!"
"He lived in the seventeenth **century**?", rief Leon aus. "But that **means** Mr Peltham can't have sailed with him! He's old, but he's not three hundred years old!"
Lucy versuchte den aufgebrachten Leon wieder zu beschwichtigen: "Mr Peltham's a **storyteller**. Matt **told** me the kids in the children's home loved to hear his stories. He wasn't just a caretaker, he was their

---

several mehrere
frightened Angst gemacht hat
possible möglich
than als
hundred hundert
century Jahrhundert
means bedeutet
storyteller Geschichtenerzähler(in)
told hat erzählt

friend, too. I think he's so old and confused now that he can't **tell the difference** between **fantasy** and **reality**. He really believes all the things he told us – he really thinks that he was a pirate who sailed with Henry Avery. He **wasn't lying to you**, Leon."
"Really?" Leon sah sie misstrauisch an.
"**Definitely**. I know Mr Peltham. **Whenever** I'm here at Greatwater Mansion I go to see him and listen to his stories. They're getting more **fanciful** every time; he's **rather** confused now, and it's getting **worse**. But I do like him."
Ich versuchte wieder zum Thema zurückzukommen: "What if the circus pirate is a **descendant** of Henry Every? It said in the book that he vanished, so maybe he had children and nobody **knew**."
"But he wouldn't have vanished without a trace if he told **someone** his real name", gab Lucy zu bedenken.

---

tell the difference unterscheiden
fantasy Fantasie
reality Wirklichkeit
wasn't lying to you hat dich nicht angelogen
definitely ganz bestimmt
whenever wann auch immer
fanciful fantasiereich
rather ziemlich
worse schlimmer
descendant Nachfahre
knew hat gewusst
someone jemand

"Maybe he didn't tell anyone **until** he was dying. Then, just before he died, he **let** his son **in on the secret**. The son had to **promise** not to tell anybody until he **himself** was on his **deathbed**." Mit meinem Brüderchen gingen schon wieder die Pferde durch, wie es schien.
"That's much too **complicated**!" Ich schüttelte den Kopf.
Auch Lucy zweifelte an Leons Theorie. "If Tex Avery was a descendant of Henry Every, he wouldn't work in a circus. He'd be rich. **Don't you remember** what Mr Peltham said? He captured the treasure of the Great Mogul of India, and it was the biggest booty a pirate ever **got**." Sie deutete auf eine Stelle weiter hinten im Buch. "They **fought** the Great Mogul's flagship *Gang-i-sawai*, capturing its treasure of five hundred **thousand** pounds of gold and silver **pieces** and other presents for the Great Mogul."

---

until bis
let in on the secret hat in das Geheimnis eingeweiht
promise versprechen
himself selbst
deathbed Sterbebett
complicated kompliziert
Don't you remember Erinnert ihr euch nicht
got hat bekommen
fought haben gekämpft
thousand tausend
pieces Stücke

Mir schwirrte der Kopf. "Unbelievable. It must be worth **millions** today."
"**Let's sleep on it**", schlug Lucy vor. "Maybe we'll find out more when we go back to the cemetery tomorrow. There's definitely something strange about that grave."
Wir holten Doodle ab, bevor wir zu Bett gingen. Oben im Zimmer sprang er mit einem Satz mitten auf unser Bett und sah uns treuherzig mit heraushängender Zunge an. Es war ziemlich deutlich, dass er uns mitteilen wollte, wo von nun an sein Stammplatz war.
"**Did you notice the way** the pirate looked at Doodle?", fragte Lucy, als wir alle im Bett lagen.
"So you saw it too? I thought he seemed rather **surprised** to see him, and then **kind of** angry."
Was hatte das nur zu bedeuten?

---

millions Millionen
Let's sleep on it. Schlafen wir drüber.
Did you notice Habt ihr bemerkt
the way wie
surprised überrascht
kind of irgendwie

Die Nacht gibt Rätsel auf

Ich träumte, dass wir auf dem Friedhof waren. Es war Nacht und aus dem Grab, auf dem Doodle gelegen hatte, stieg ein Skelett. Unter wütenden Schauerlauten fuchtelte es mit einem Säbel in der Hand herum und versuchte, mir den Kopf abzuschlagen. Ich schrie im Traum und wurde davon wach.
Nein, das war nicht ich, die da schrie, das war Lucy! Der Vollmond schien ins Zimmer und so konnte ich erkennen, dass jemand zur Tür hinaushuschte. Die Tür fiel quietschend ins Schloss.
"Was that Aunt Mary?", fragte ich, aber Lucy blickte starr zur Tür.
"**Don't be ridiculous!**", sagte Leon neben mir. "She wouldn't wear a black **mask**."
"Was liegen wir dann hier herum?" Ich sprang aus dem Bett und schaltete das Licht an. Doodle klappte ein Auge auf und stellte in Zeitlupe ein Ohr hoch. "Ein Wachhund bist du jedenfalls nicht, so viel steht fest", murmelte ich.
Mein Herz klopfte so stark, dass ich nicht einmal meinen Brustkorb mit der Hand berühren musste, um es zu spüren. Trotzdem drückte ich die Klinke unserer Zimmertür hinunter und lugte durch den Spalt. Alles

---

Don't be ridiculous! Mach dich nicht lächerlich!
mask Maske

war dunkel, also musste ich mit der Hand nach dem Lichtschalter tasten, der sich glücklicherweise direkt rechts neben der Tür auf der Galerie befand. Sofort waren die Galerie und die Eingangshalle in helles Licht getaucht. Ich tippelte zum Geländer und sah hinunter.
"The front door's open. We've had a **visitor**."
Zum zweiten Mal innerhalb von drei Tagen war die Polizei in Greatwater Mansion. Inspector Mouse und PC Kenwood sahen sehr besorgt aus.
"**Either** it was **another burglar** – and that would be a very strange **coincidence** – **or** you should think about what you **might have forgotten**. There must be something very valuable in your house. Last time you nearly **caught** the burglar. No one would come back **after that**, **unless** it was for something very important."
Tante Mary legte die Stirn in Falten. "I can't imagine what it could be. Everything's been in the house for a very long time. Why would the burglar come now?"

---

visitor Besucher
another noch ein
burglar Einbrecher
coincidence Zufall
either ... or entweder ... oder
might have forgotten vielleicht vergessen habt
caught habt gefangen
after that danach
unless es sei denn

"Maybe it's **because of** Doodle", platzte ich heraus.
"Pardon?" PC Kenwood drehte sich zu mir um, und mir war es plötzlich peinlich, so unüberlegt geredet zu haben. Also stotterte ich ein wenig herum.
"Erm, the first time the man was here –"
"We don't know **whether** it was a man. It could also have been a woman."
"Okay. So, the first time the burglar was here was the night **after** we found Doodle. And he tried to kill him!"
"Burglars **often** kill dogs **to make sure** they don't bark." PC Kenwood schien nicht zu verstehen, was ich damit sagen wollte.
"Yes, but tonight he – or she – **came** to the room where Doodle was sleeping. Don't you understand? It's not **jewellery** or money he's looking for, it's the dog!"
"But how does he know the dog is here?" Inspector Mouse schien eher geneigt zu sein, mir zu glauben.
Da mischte Spencer sich ein. "The children **made** some **flyers** to try to find the dog's owner. I **put** them

because of wegen
whether ob
after nachdem
often oft
to make sure um sicher zu sein
came ist gekommen
jewellery Schmuck
made haben gemacht
flyers Zettel

up on trees and **lampposts** and in several shops. Maybe the burglar saw one of the flyers. Greatwater Mansion is easy to find."

Inspector Mouse holte seinen Notizblock hervor. "So: you found the dog on a grave in the family cemetery. You brought him here and gave him **food** and water. Then you put up the flyers."

"I **went** to a **pet shop**, too, to get dog food", warf Spencer ein und der Polizist notierte, in welcher Zoohandlung Spencer eingekauft hatte.

"And that night somebody tried to kill the dog?"

"Yes. It was the first night Doodle was here at Greatwater Mansion", bekräftigte Tante Mary.

Inspector Mouse wirkte nachdenklich. "But if your **theory** is **correct**, the burglar must have believed that Doodle was dead. So it's **impossible** that he came back because of the dog."

Dieses Argument leuchtete selbst mir ein. Also war meine Idee doch nicht so brillant, wie ich ursprünglich dachte.

---

put up habe aufgehängt
lampposts Straßenlaternen
food Futter
went ging
pet shop Zoohandlung
theory Theorie
correct richtig
impossible unmöglich

Einer zu viel

Um mich ein wenig abzulenken, sah ich mir am nächsten Morgen endlich den Garten vor dem Haus näher an. Doch aus der Ablenkung wurde nichts, denn ich entdeckte zwischen einigen umgeknickten Rosentrieben einen tiefen Fußabdruck im ansonsten lockeren Erdreich. Vielleicht stammte er von dem Einbrecher? Die Rosenblüten sahen noch gut aus und die Knickstellen waren nicht vertrocknet, es konnte also nicht allzu lange her sein, dass hier jemand offenbar die Kurve nicht richtig gekriegt hatte. Der Abdruck sah aus wie von einem Männerschuh. Die Schuhe, die ich an Gilbertos Füßen bisher gesehen hatte, liefen vorne nicht so spitz zu und Spencer trug immer nur Slipper. Außerdem hätte keiner von beiden seinen Fuß in das Beet gesetzt – schon gar nicht, ohne den entstandenen Schaden hinterher wieder zu beheben.

Also rückte die Polizei zum dritten Mal an. Diesmal brachten sie jemanden von den ***crime scene investigators*** mit, der den Fußabdruck mit schnell härtendem Gips ausgoss. Vielleicht ließ sich so feststellen, wem der Schuh gehörte, der durch Tante Marys Rosenbeet gestapft war.

---

crime scene Tatort
investigators Ermittler

Natürlich waren die Polizisten bereits abgefahren, als mir eine Idee kam. Ich lief ins Haus zurück und trommelte alle zusammen.
“We should go and **examine** the grave **as soon as** possible. Maybe we’ll find some more **clues** there!”
“But the police say the **break-in** had nothing to do with Doodle. How could the burglar know that Doodle wasn’t dead?” Gilberto meinte es gut, konnte mich aber von meinem Vorhaben nicht abbringen.
“We’ll find an **explanation**. Please come with me to the cemetery – remember the autumn leaves on the grave!”
Dieses Argument zog offenbar. Das Laub auf dem Grab war wirklich sonderbar und die Erwachsenen hatten es noch gar nicht gesehen. Also zogen wir los. Auch Tante Mary kam mit, weil sie um keinen Preis alleine im Haus bleiben wollte, solange nicht geklärt war, wer dort weshalb sein Unwesen trieb.
Als wir am Friedhof ankamen, waren wir nicht mehr sicher, auf welchem Grab wir Doodle gefunden hatten. Herbstlaub lag nirgendwo mehr, schon gar nicht so viel auf einem Haufen.

---

examine untersuchen
as soon as so bald wie
clues Hinweise
break-in Einbruch
explanation Erklärung

"The name on the **tombstone** was Everett Greatwater!"
Lucy war es zum Glück wieder eingefallen, und so suchten wir die äußere Reihe ab, bis wir vor dem Grab standen. Alles war wie leergefegt. Doch offenbar hatte jemand versucht, die aufgewühlte Erde der Grabstelle festzutrampeln und war anschließend mit etwas darübergegangen, um die krümelige Struktur der Erde wieder so natürlich wie möglich hinzukriegen.
"And here's our clue!", stellte Spencer triumphierend fest.
Ein Fußabdruck, der die gleiche Größe und Form hatte wie der im Blumenbeet, war am Rande des Grabes zu erkennen.

Die Polizisten klangen offenbar schon ein wenig genervt, als Tante Mary dort anrief, um sie über die neue Spur in Kenntnis zu setzen.
"They say they'll come and look at it tomorrow. The crime scene investigators are all busy today, and they say the **evidence** isn't going to disappear **overnight**."
"**Well**, let's just hope it doesn't rain." Gilberto schüttelte den Kopf über so viel Sorglosigkeit der Ermittler.

---

tombstone Grabstein
evidence Beweismaterial
overnight über Nacht
well also

Tante Mary war den ganzen Nachmittag über sehr nachdenklich gewesen.

"Are you afraid, Aunt Mary?" Lucy legte ihre Hand auf den Arm der alten Dame. "Don't worry. We're all here, and the police **are sending** someone to the house tonight to **keep watch**."

"It's **sweet** of you to worry about me, Lucy. But that's not what'**s bothering** me. I think I must be getting old before my time." Tante Mary seufzte. "You know, I've been thinking about it all day, but I can't remember any of my **ancestors** by the name of Everett Greatwater. **Not even** at the beginning of the eighteenth century!"

"Why didn't you look on the **family tree**, Mrs Greatwater?"

Spencer schaute ein wenig beleidigt drein. Vermutlich hatte er in der Bibliothek auch sämtliche Greatwater-Vorfahren katalogisiert und sortiert.

"The family tree? Spencer, I knew it: I'm getting old. Let's go to the library and look it up." Zum zweiten Mal, seit wir hier waren, staunte ich über das Tempo,

---

are sending schicken
keep watch Wache halten
sweet lieb
is bothering stört
ancestors Vorfahren
not even nicht mal
family tree Ahnentafel

das die alte Dame an den Tag legen konnte, wenn ihr etwas wichtig war.

Spencer musste nicht einmal in seine Kartei schauen, um zu wissen, in welchem Buch sämtliche Greatwaters verzeichnet waren. Und direkt daneben lag die Ahnentafel, die er nun umständlich auf einem Tisch ausbreitete. Aber so sehr wir auch suchten – es gab keine Spur von einem Everett Greatwater.

Die Sache wurde immer mysteriöser.

Was zum Geier ist hier los?

"I don't understand how that tombstone **got into** our cemetery. If Everett Greatwater **didn't exist**, how can he be **buried** there?" Tante Mary war kurz davor, sich die Haare zu raufen. Ich verstand sie gut, denn niemand von uns konnte sich einen Reim darauf machen.

Um uns ein wenig abzulenken, fuhren wir am nächsten Tag die Küste Cornwalls entlang. In einem malerischen Dorf namens Polperro hielten wir an. Tante Mary erklärte uns, dass dort in früheren Jahrhunderten der Schmuggel geblüht hatte.

Nachdem wir an dem schnuckeligen kleinen Hafen entlang geschlendert waren, besuchten wir auch das Schmugglermuseum. Tante Mary wartete draußen und passte auf Doodle auf, da im Museum keine Hunde erlaubt waren. Gilberto Tango leistete ihr Gesellschaft, und sie setzten sich auf eine Bank in der Sonne.

Das Museum war nicht riesig, aber es gab doch einiges zu sehen. Mir gefiel ein Fahndungsplakat, auf dem kein Verbrecher, sondern ein Segelschiff abgebildet war. Dieses Schiff sollte Schmuggelgüter an Bord haben und jedem, der sachdienliche Hinweise zur Ergreifung des Schiffes und der Besatzung geben

---

got into in ... reingekommen ist
didn't exist nicht existiert hat
buried beerdigt

konnte, wurde eine Belohnung von fünfhundert Pfund in Aussicht gestellt. Das Plakat datierte vom Oktober 1782. Ich schaute nach Leon, um ihm das Plakat zu zeigen, aber er hatte ein Opfer gefunden, das er zutexten konnte. Er unterhielt sich mit einem Mann, der aussah, wie ich mir einen Schmuggler heutzutage vorstellen würde: Stoppelbart, strähnige lange Haare, fleckiges T-Shirt – alles in allem eine eher ungepflegte Erscheinung. Offenbar war er Aufseher hier im Museum. Ich ging ein wenig näher heran, um besser hören zu können, was Leon sagte. Bestimmt ging es wieder um seinen Traum, selbst ein Pirat zu sein, und dann konnte ich ihn später damit aufziehen.

"**Did they smuggle** treasure in the seventeenth and eighteenth centuries too?", hörte ich Leon fragen.

Der Mann sah ihn an und lachte. "Oh yes, but that was different treasure. **Back then** they were smuggling **brandy,** tea and **tobacco**. They brought them across **the Channel** from the island of Guernsey."

"Not **the other way round**?" Leon konnte ziemlich nerven, wenn er sich etwas in den Kopf gesetzt hatte, und niemand wusste das besser als ich.

---

did they smuggle haben sie geschmuggelt
back then damals
brandy Branntwein
tobacco Tabak
the Channel der Ärmelkanal
the other way round andersrum

"Sometimes, little boy, sometimes."
"But no **diamonds** or **pearls**?"
Der Alte kratzte sich am Kopf. "**What are you getting at?**" Er sah Leon fragend an, aber mir wurde langsam klar, worauf mein Bruder hinauswollte.
"I'm talking about the booty of the Great Mogul, that was **stolen** by Henry Every."
Offenbar hätte Leon diesen Namen besser nicht erwähnt, denn der Mann wurde laut. "**What the hell is going on?** Henry Every vanished without a trace and **took** his share of the booty **with him**. For hundreds of years nobody **was interested in** his story, and now you're the **second** person to ask me about it this year."
Lucy zog Leon ein Stück zurück, bevor der Alte sich auf ihn stürzen konnte. Genau so ein Gesicht machte er nämlich.
"Sorry, sir. **He didn't mean** to **upset** you. It's just because he's doing a school project about pirates, and

---

diamonds Diamanten
pearls Perlen
What are you getting at? Worauf willst du hinaus?
stolen gestohlen
What the hell is going on? Was zum Teufel geht hier vor?
took with him hat mitgenommen
was interested in interessierte sich für
second zweite
he didn't mean er wollte nicht
upset beunruhigen

he wanted to find out something more than just what's in the **encyclopaedia**." Lucy war ziemlich schlagfertig, kein Zweifel. Und offenbar glaubte der Mann ihr, denn seine Gesichtszüge glätteten sich wieder.
"Well, I'm sorry. Didn't mean to frighten you. It's just that the last person who asked me about Henry Every was rather **violent**."
"**May I** ask what he looked like?" Ich hoffte, dass mich der Mann nicht ebenso anfahren würde wie eben Leon.
Aber er sah nur über uns hinweg, als würde er hinten an der Wand das Bild des Mannes sehen, der ihn vor nicht allzu langer Zeit ebenfalls nach dem Schatz von Henry Every gefragt hatte. "I'd never seen him before. He was quite old and he looked like a **vulture**. I was **amazed** at how **strong** he was. He wanted me to tell him where Henry Every's treasure was **hidden**. As if I'd know!" Der Museumswärter lachte laut und dreckig. "The story says that Henry Every vanished **somewhere** near Plymouth, but that's no secret – you can read it in any book on local history. I don't know any more than that.

---

encyclopaedia Lexikon
violent brutal
may I darf ich
vulture Geier
amazed erstaunt
strong stark
hidden versteckt
somewhere irgendwo

So the only thing I could do was **to suggest** he look for it round there. Maybe the diamonds and pearls are hidden in a cave, or in the forest."
"Was the man alone?"
"I'm not sure, but I think there was someone waiting for him behind the museum. I was very **relieved** when he **left** – I didn't look out of the window."
"One last question. When did he come here?"
"Last summer. But why do you want to know all this?"
Er sah fragend von einem zum anderen und wirkte jetzt eher ratlos als wütend.
"It's just for that school project. We want to know everything about Henry Every so that Leon gets a good **mark** in History. If he doesn't, he'll have to **repeat** the year. Thank you very much, sir – you've been a great **help**."
Lucy gab ihm die Hand und bedeutete uns zu gehen.
"**Good luck!**", rief der Alte uns nach.

"Pah! Ich und sitzenbleiben?", regte Leon sich auf und wollte noch etwas sagen, als ihm Lucy den Mund zuhielt.

---

to suggest vorzuschlagen
relieved erleichtert
left ist gegangen
mark Note
repeat wiederholen
help Hilfe
Good luck! Viel Glück!

"Ssshhh! Wait until we get round the corner. I don't want that man or Aunt Mary to hear what we say. I **don't trust** him, and I don't want to upset Aunt Mary."

Wir fanden ein sonniges Plätzchen ein wenig abseits des Museums und ließen uns nieder.

"It's getting more and more **mysterious.** So now we know there's another person looking for the treasure too." Leon rupfte einen Grashalm aus und wickelte ihn um seinen Zeigefinger.

"He told us the man looked like a vulture. **Does that ring any bells?**" Lucy sah von Leon zu mir und wieder zurück. Natürlich fiel mir dazu etwas ein, aber eine Idee war so dämlich und unrealistisch wie die andere. Nachdem Leon jedoch nur mit den Schultern zuckte und weiter mit dem Grashalm spielte und auch Lucy keine Idee zu haben schien, äußerte ich meine verrückten Vermutungen trotzdem.

"It sounds ridiculous, but when I saw Spencer for the first time, I thought he looked like one of the vultures in Disney's *Jungle Book.*"

"**You aren't serious, are you?**" Lucy sah mich an, als hätte ich nicht alle Tassen im Schrank.

---

don't trust vertraue nicht
mysterious geheimnisvoll
Does that ring any bells? Klingelt da was bei euch?
You aren't serious, are you? Das ist doch nicht dein Ernst, oder?

"I know, I know. And what's **even more** ridiculous is that to me Mr Peltham looks a lot like Spencer, but older. Another vulture. I thought maybe lots of people round here looked like that, but I have**n't** seen **any others**."

Leon begann zu kichern. "Du spinnst ja völlig!" Und weil er sich mit dem grasgrün umwickelten Finger gegen die Stirn tippte, verstand Lucy auch ohne Übersetzung, was er gesagt hatte.

"Think about it", fuhr er fort. "Spencer is a really nice man. He does everything for Aunt Mary, and for her **guests**." Er klopfte auf seinen Rucksack, in dem sich mindestens drei Tafeln Schokolade befanden. "Mr Peltham is much too old to run round at night killing dogs. And **besides**, I like him."

"Whether you like him or not is **irrelevant**. Some people have some dark secrets. Remember, the man in the museum said his visitor was quite old."

Aber ich konnte mir den tüdeligen, alten Mr Peltham natürlich auch nicht als Einbrecher und Hundekiller vorstellen.

"He also said the visitor was violent. Can you imagine Mr Peltham being violent?" Für Leon war das offen-

---

even more noch mehr
not any others keine anderen
guests Gäste
besides außerdem
irrelevant irrelevant

bar so abwegig wie die Vorstellung, er selbst könne eines Tages Schokolade nicht mehr ausstehen.
Lucy hatte auch begonnen Grashalme zu rupfen. Sie starrte dabei Löcher in die Luft. Doch nun war ihr etwas eingefallen. “Maybe as a dangerous pirate he’s able to be violent.”
“Hä?”
“Leon, you know that Mr Peltham lives in his own world. Remember he said that he captured the treasure of the Great Mogul with Henry Every? We know that isn’t possible because Every lived in the seventeenth century. But for Mr Peltham it’s as real as the grass under our feet.”

So weit, so richtig, das hatten wir ja schon festgestellt. Doch ich war mir noch immer nicht im Klaren darüber, worauf Lucy eigentlich hinauswollte. Sie stand auf und begann herumzulaufen. Vermutlich, weil man in Bewegung besser nachdenken konnte.
“Do you really think he’s looking for the treasure because he believes it belongs to him?”
Lucy hielt beim Herumlaufen inne. “No. He didn’t seem to think that he was Henry Every himself. But maybe he believes that, as a good friend of Every’s, he has to **protect** the treasure. Or he believes he’s one of the pirates who got some of it.”
Es fiel mir schwer einzugestehen, dass es Menschen

---

protect beschützen

geben sollte, für die Dinge real waren, über die jeder andere bestenfalls müde lächeln konnte. Doch wenn Mr Peltham so felsenfest davon überzeugt war, dass er Seite an Seite mit Henry Every die *Gang-i-sawai* geentert und den Schatz des indischen Großmoguls erbeutet hatte, dann wusste er sicher tatsächlich einiges darüber. Und jemand, der gerne ohne großen Aufwand an ein Vermögen kommen wollte, könnte Mr Peltham dazu eingesetzt haben, ihm auf die Spur zu kommen …

"Maybe someone has been using Mr Peltham, to find out what knows", sagte Lucy genau in diesem Augenblick. Offenbar waren wir beide gleichzeitig auf dieselbe Idee gekommen, und auch Leon nickte sehr nachdenklich dazu.

Das ergab durchaus einen Sinn.

Lucy setzte sich wieder und wir hingen weiter unseren Gedanken nach. Um Leon herum wuchs kaum noch Gras, denn er hatte sich inzwischen aufs Dauerrupfen verlegt.

Ich versuchte für mich selbst noch mal Logik in die Sache zu bringen: Wenn es wirklich Mr Peltham war, der im Schmugglermuseum aufgetaucht war, dann war er nicht alleine dort gewesen. Jemand musste ihn gefahren und dazu gebracht haben, in seiner Eigenschaft als ehemaliger Pirat und Freund von Henry Every nähere Erkundigungen nach dem Schatz einzuholen. Und in dieser Rolle konnte er durchaus

brutal und grausam wirken, dessen war ich mir sicher. Schließlich *spielte* Mr Peltham diese Rolle ja nicht, er *lebte* sie. Er war in seiner Wahnvorstellung tatsächlich der Gefährte von Henry Every, wenn man ihn nur deutlich genug an alles erinnerte.

Es gab durchaus alles einen Sinn, aber …

"We don't know whether we're right or if we'**re** just **making things up**. We need **proof**."

Ich sprach eigentlich mehr zu mir selbst und war

are making things up uns Sachen ausdenken
proof Beweis

erschrocken, als sich Lucy neben mir plötzlich mit der flachen Hand vor die Stirn schlug. "I'm so **stupid**!"
"What is it? Have you found proof already?" Leon wurde ganz eifrig, denn dieses Überlegen ohne ein vernünftiges Ergebnis machte ihn offensichtlich nervös.
"Not real proof. But a few months ago Mr Peltham asked me something." Lucy beugte sich vor und senkte ihre Stimme. "**First** he wanted me to imagine I had some treasure. And then he asked me about **hiding places** near here."
"Hiding places for what?" Jemand sollte Leon mit seiner Schokolade füttern, vielleicht war er dann nicht mehr so schwer von Begriff.
"For treasure, stupid! He wanted to know where Lucy would hide treasure if she had any." Ich sprach so laut, dass Lucy sich umdrehte, ob ich womöglich Tante Mary oder den Museumswärter aufgescheucht hatte. Aber niemand war zu sehen.
"Ah, okay. And what did you tell him?"
"You told him you'd hide it in the cemetery?" Ich versuchte ihr in die Augen zu sehen, aber sie wich meinem Blick aus.
"Yes. I said I'd hide it in one of the old graves, where no one would ever find it."

---

stupid dumm
first zuerst
hiding places Verstecke

Ein Vertrauter

"Oh, here you are! We were looking for you in the museum, but they told us you left **half an hour** ago. Why didn't you tell us?", fragte Tante Mary vorwurfsvoll, als sie mit Gilberto und Doodle ums Haus gelaufen kam.

"Aren't you hungry?", wollte Gilberto wissen. "I could eat a **whole** pig in just one **bite**!" Er drückte sich die Faust in den Kugelbauch, um zu zeigen, wie groß das Loch in seinem Magen angeblich war.

"Oh, Gilberto, **don't exaggerate**!" Tante Mary knuffte ihn und lachte dabei. "But I'm hungry, too. What about that little fish restaurant we saw on the **way** here?"

Wir waren alle einverstanden und machten uns auf den Weg.

Lucy, Leon und ich konnten erst wieder über das Thema sprechen, als wir zurück in Greatwater Mansion waren. Wir zogen uns in die Bibliothek zurück, aber wir kamen nicht weit mit unseren Überlegungen, weil sich keiner von uns so recht vorstellen konnte, wie es

---

half an hour eine halbe Stunde
whole ganz
bite Bissen
Don't exaggerate. Übertreibe nicht.
way Weg

nun weitergehen sollte. Genau genommen drehten wir uns im Kreis.

Gerade als wir zum dritten Mal darüber diskutierten, ob es nicht sein könne, dass ein völlig anderer Mann vor einem knappen Jahr den Museumswärter aufgesucht hatte, öffnete sich die Tür und Gilberto kam herein.

"May I **join** your **investigation**?"

Wir müssen ihn wenig intelligent angesehen haben, denn er lachte herzhaft. "Do you think I'm stupid? This isn't the first time you've tried to **solve** a **crime**." Er schmunzelte und sah uns alle nacheinander an. Dann setzte er sich zu uns an den großen Tisch in der Bibliothek, auf dem eines der Piratenbücher noch immer aufgeschlagen dalag. "Tell me what you've already found out and I'll try to help you."

Gilberto hatte uns ja auch auf der *Neptun* geholfen, die beiden Diebe zu fangen, die den Schmuck mehrerer alter Damen an Bord gestohlen hatten. Warum sollten wir ihm also nicht alles erzählen, was uns aufgefallen war? Vielleicht hatte er ja ein paar brauchbare Ideen dazu.

So erklärten wir Gilberto, dass Mr Peltham sich nach unserer Vermutung für einen engen Vertrauten des

---

join mich anschließen
investigation Ermittlung
solve lösen
crime Verbrechen

Erzpiraten Henry Every hielt, der im siebzehnten Jahrhundert die Weltmeere unsicher gemacht hatte. Wir berichteten von der großen Beute, die beim Überfall auf das Schiff des indischen Großmoguls gemacht worden war. Und davon, dass Henry Everys Anteil gemeinsam mit dem Piraten selbst in der Nähe von Plymouth verschwunden sein sollte.

Als wir zu unserer Vermutung kamen, dass der Mann, der im Schmugglermuseum aufgetaucht war, Mr Peltham gewesen sein könnte, schüttelte Gilberto zunächst den Kopf. "The old man? **No way**. I've **met** him, and I'm telling you, it's impossible!"

"But I told him about the cemetery at Greatwater Mansion when he asked me where I would hide my treasure!" Lucy regte sich noch immer so darüber auf, dass sie den Tränen nahe war. "**Most** people don't know about it. Then we found Doodle on the grave, and after that someone tried to kill him. Maybe they even tried **twice**. I'm sure that someone didn't want us to find out what **had happened** to the grave."

Gilberto stützte sein Kinn auf die Hand und legte die Stirn in Falten. "Hm" war alles, was wir eine Zeit lang

---

No way. Auf keinen Fall.
met habe getroffen
most die meisten
twice zweimal
(had) happened passiert (ist)

von ihm zu hören bekamen. Dann stand er auf, öffnete die Bibliothekstür und rief nach Spencer.
"Spencer? Spencer! Did the police examine the **footprints** on the grave?"
Spencer trat durch die Tür, gefolgt von Doodle, der sofort zu mir kam und sich ausgiebig kraulen ließ.
"Oh, **I beg your pardon,** Mr Tango. I forgot to mention that I went to the cemetery with a policeman from the crime scene investigation team this morning. You'd been **gone** for half an hour and I thought it would be all right if I **showed** him the way."
"What did he find there?"
"The footprint, of course."

---

footprints Fußabdrücke
I beg your pardon. Verzeihen Sie.
gone weg
showed zeigte

"Nothing else?"
"He didn't look for anything else."
"Oh, noooo ..." Leon raufte sich die Haare, schüttelte den Kopf und fragte mich: "Wieso hat der denn nicht ein bisschen gebuddelt?"
"Weil er noch nicht wusste, was wir jetzt vermuten. Und weil englische Polizisten möglicherweise auch nicht schneller denken als deutsche."
Gilberto dankte Spencer, und dieser ging zurück in die Küche, wo er offenbar schon mit der Vorbereitung des Abendessens beschäftigt war, obwohl wir den Fisch noch nicht einmal richtig verdaut hatten.
"I think we have to do two things: go and examine the grave, and try to find the boots that **match** the footprint."
"Shouldn't the police do that?", fragte Leon skeptisch.
"What do you think will happen if you tell the police about pirates and treasure and a strange old man?" Gilberto schaute in die Runde und gab sich selbst die Antwort: "They'll laugh! They'll just think we're **crazy**. Before we tell the story to the police we have to find evidence to **prove** our theory."

Nothing else? Sonst nichts?
match passen zu
crazy verrückt
prove beweisen

Die nächsten Schritte

Gilberto Tango hatte vollkommen Recht: Die Polizei würde sich scheckig lachen, wenn wir ihnen die Piratenstory auftischten. Es blieb uns also nichts anderes übrig, als die Sache wieder selbst in die Hand zu nehmen.

Richtig glücklich war ich darüber nicht, denn ich konnte mich noch genau an meine Panik auf dem Schiff erinnern, als einer der Diebe uns beinahe entdeckt hatte. Damals war klar, dass die beiden durchaus gefährlich waren, weil sie bereits einen Menschen geknebelt und gefesselt in einer Kammer eingesperrt hatten.

Wozu würde dieser Jäger des verlorenen Schatzes hier noch imstande sein, nachdem er schon versucht hatte, Doodle zu vergiften? Mr Peltham war sicher nur Mittel zum Zweck. Hinter der ganzen Sache steckte definitiv ein anderer. Vermutlich derjenige, dem die Schuhe zu den Gipsabdrücken gehörten, die jetzt bei der Polizei lagen und dort vermutlich ganz hinten im Regal gelandet waren.

Vollkommen unbeeindruckt von Spencers Protest des Abendessens wegen, verkündete Gilberto, wir würden noch einmal aufbrechen. Im Keller fand er Taschenlampen und im Gartenhäuschen entdeckten wir zwei Spaten und drei kleine Schippen, die wir mitnahmen. Plastiktüten hatten wir für alle Fälle auch dabei.

Da es durch den Ausflug schon reichlich spät geworden war, ging ich mit sehr gemischten Gefühlen mit. Die Vorstellung, in der einsetzenden Dämmerung zwischen den Grabsteinen herumzuschleichen, behagte mir nicht. Außerdem würden wir in der hellen Vormittagssonne auch mehr erkennen können. Aber ich sagte nichts, denn erstens wollte ich nicht als Totalmemme dastehen und zweitens lag mir ja auch daran, dass dieser ganze Wirrwarr endlich aufgeklärt wurde.
Wir fuhren den Feldweg mit Gilbertos Wagen entlang. Als das Wäldchen anfing, mussten wir das Auto stehen lassen, weil der Weg dort zu schmal wurde. Und obwohl es eigentlich noch hell war, drang zwischen den dichten Bäumen nicht mehr viel Licht zu uns durch.

So war ich froh, als wir endlich auf den Friedhof traten, wo wenigstens der Himmel zu sehen war. Alles lag ruhig da. Wir gingen zum Grabstein von Everett Greatwater. Die Erde dort war von den Spurensicherern komplett zertrampelt worden. Ich hoffte inständig, dass dies erst nach dem Ausgießen des verdächtigen Fußabdrucks passiert war. Immerhin war dieser noch zu erkennen. Ein wenig von dem Gips war außen herum hängen geblieben.
Leon war der Erste, dem es auffiel: "Der Abdruck sieht aus, als stammte er von den komischen Cowboystiefeln, die Mr Peltham anhatte. Alina, kannst du dich erinnern, wie er zu Lucy sagte, ihm täten die Füße weh?"

Natürlich konnte ich das. Man hatte genau sehen können, dass Mr Peltham seine Zehen offenbar einrollen musste, denn die Zehenknöchel hatten sich durch das Leder in den spitz zulaufenden Stiefeln gedrückt.
"Du glaubst aber nicht, dass der alte Herr in den viel zu kleinen Stiefeln hier auf dem Grab herumgeturnt ist, oder?"
"Ich weiß nicht mehr, was ich glauben soll." Leon zuckte mit den Schultern.
"What's the matter?" Lucy sah uns fragend an, und da merkten wir erst, dass wir nicht Englisch gesprochen hatten.
"Leon thinks the footprint matches Mr Peltham's **cowboy boots**. Remember that he told you his feet were aching?"
"Then someone **must have** come to the cemetery in the boots first, and then **given** them to Mr Peltham", sagte sie entschieden und ich gab ihr im Stillen Recht. Bloß, wer konnte das getan haben?
"What will happen now?" Leon hatte die Schuhfrage offenbar abgehakt und sah sich erwartungsvoll in der Runde um.
"I think we should **start digging**!"

---

cowboy boots Cowboystiefel
must have given muss gegeben haben
start anfangen
digging zu graben

"**Dig up** the grave?" Lucy schüttelte sich. "What if we dig up the **dead body**?"
Ich fand die Vorstellung auch nicht gerade prickelnd, aber ich war schon einmal bei einer Beerdigung gewesen und hatte das tiefe Loch für den Sarg meines Uropas gesehen. Also ging ich davon aus, dass auch die Briten ihre Toten nicht zwanzig Zentimeter unter der Erdoberfläche vergraben würden. Außerdem würden wir nach mehr als dreihundert Jahren ohnehin nur Knochenreste finden, und damit konnte ich leben. Sehr viel anders als Hühnerknochen konnten die auch nicht aussehen.
Und wozu sonst hatten wir schließlich die Spaten mitgenommen?

Wir begannen sehr vorsichtig mit den kleinen Schippen zu graben, als wären wir im Sandkasten. Schließlich wussten wir ja gar nicht genau, wonach wir überhaupt suchten.
"Wir hätten ein Sieb mitnehmen sollen!" Leon durchwühlte jedes bisschen Erde, das er beiseite schippte, mit den Fingern. Aber irgendwann wurde ihm das auch zu dumm, und schließlich nahm er sich auch einen Spaten. "Otherwise we'll be digging all night."

---

dig up ausgraben
dead body Leiche

Die Sonne stand inzwischen so tief, dass sie den Himmel kaum noch erleuchtete. Immer wieder stießen wir auf kleine Steine in der Erde.
"Isn't it strange that digging here is so easy? There are a few little stones, but the **earth** is really **loose**."
Mir war das auch aufgefallen. Ich hielt es für ein Zeichen, dass wir auf der richtigen Spur waren. Irgendjemand musste hier schon gebuddelt haben. Ich grub schneller und stieß auf ein weiteres Steinchen. Gerade als ich es beiseite schippen wollte, fiel der Strahl der Taschenlampe darauf, mit der Leon gerade herumfummelte.
"Warte! Leuchte noch mal hierher!"
Leon richtete den Lichtkegel der Taschenlampe auf die Schippe, und da sahen wir es alle: Das Ding glänzte. Ich wollte danach greifen, doch nun hielt Leon mich auf und zog eine kleine Plastiktüte aus seiner Hosentasche. Er steckte die Hand hinein und nahm das glänzende Ding damit von meiner Schippe.
"It's a gold **earring**!"
Es handelte sich um eine kleine goldene Kugel. Der Stecker für das Ohr war gut zu erkennen, wenn auch ein wenig verbogen. Vermutlich war das passiert, als ich eben mit der Schippe darauf stieß.
Wir starrten alle so gebannt auf das Schmuckstück, dass wir das Geräusch erst hörten, als es schon ganz

earth Erde
loose locker
earring Ohrring

nah war. Erschrocken drehte ich mich um – da sprang Doodle mit einem Satz in das Loch, das wir bereits ausgehoben hatten.

"Doodle, what are you doing here? Why didn't you stay **at home**?"

Doch Doodle schien Lucy gar nicht zu hören. Jetzt hatte er wieder die Kraft zu buddeln, und das tat er so ausgiebig, dass wir alle von oben bis unten mit Erde bespritzt wurden.

"Doodle, **stop it!**" Ich versuchte ihn am Halsband herauszuziehen, doch er war so schwer, dass Gilberto mit zur Hand gehen musste.

"**Thank goodness** Doodle didn't get here before we found the earring! Who knows what other clues were in there – we'**ve** probably **lost** them now."

"Mr Tango, I'm so sorry!" Quer über den Friedhof schallte Spencers Stimme. "I took Doodle out for a walk, and **all of a sudden** he **ran away**. I thought he **was chasing** a rabbit."

"No, it wasn't a rabbit. I think he's looking for someone who's buried here. We'd better stop digging, kids, and call the police."

---

at home zu Hause
Stop it! Hör auf!
thank goodness Gott sei Dank
have lost haben verloren
all of a sudden auf einmal
ran away ist weggelaufen
was chasing jagte

"Yes, please stop digging", sagte Spencer, der jetzt neben uns stand. "I have something important to tell you first. It's about an old book that I found in the library two days ago."
Spencer stand im Schein der Taschenlampen und sah ziemlich verunsichert aus.
"All right. But let's go back to Greatwater Mansion if we're going to talk." Gilberto packte den jaulenden, zappelnden Doodle und bedeutete uns, die Spaten und Schaufeln einzusammeln.
"Just a minute!" Leon kramte in seiner Tasche und förderte die Digicam zutage, die er zu Weihnachten bekommen hatte. "Ich hab hier noch gar kein Foto damit gemacht", sagte er beinahe entschuldigend in meine Richtung. "Hab glatt vergessen, dass ich die dabei habe."
Leon knipste das Grab von weitem und von nahem, und den Ohrring lichtete er auch ab. "Just in case it disappears."
Dann zogen wir ab.

Das Geheimnis von Everett Greatwater

Als wir wieder in Greatwater Mansion ankamen, hatte sich Doodle einigermaßen beruhigt, wenn er auch nervöser schien als sonst.

Leon legte die Plastiktüte mit dem Ohrring auf den Küchentisch. Darüber würden wir uns später Gedanken machen müssen. Nachdem wir uns notdürftig gesäubert hatten, bat Spencer uns alle – auch Tante Mary – in die Bibliothek hinüber. Wir setzten uns an den großen Tisch und sahen zu, wie er auf eine Leiter kletterte, die sich an einem Regal ziemlich weit hinten im Raum befand. Es war eines von denen, das sehr alte Bücher beherbergte. Aus dem obersten Regalboden zog er einige der Bände heraus, hielt sie mit einer Hand fest und angelte mit der anderen Hand in dem entstandenen Loch herum. Dabei förderte er ein kleines, schmales Buch zutage und schob die anderen Bücher wieder an ihren Platz. Wir sahen ihm gebannt zu, denn es musste schon sehr wichtig sein, was er uns mitzuteilen hatte.

Endlich setzte er sich auf einen freien Stuhl am Tisch und legte das Büchlein auf die Tischplatte. Es war in braunes Leder gebunden. Als er es aufklappte, konnte jeder sehen, dass es kein gedrucktes Buch war, sondern handgeschrieben.

"A diary!", rief Lucy aus.

Spencer breitete beschwichtigend die Hände aus.
"The day before yesterday I **decided** to work late in the library. There are so many books I **have**n't **catalogued** yet." Er machte eine Pause und atmete tief aus. "I also wanted to **dust** the shelves. And when I was dusting that shelf there –" Er deutete rückwärts auf das Regal, aus dem er das lederne Büchlein geholt hatte, "I noticed that there was a hole behind the books **in the front**. I'd certainly never seen this little book before. So I started reading."
Er blickte von einem zum anderen und sah mit einem Mal ziemlich viel älter aus als sonst. Lucy schaute zu mir, und ich wusste, dass auch sie jetzt die Ähnlichkeit zu Mr Peltham bemerkt hatte.
"I know that you all think there's a **connection** between the treasure of Henry Every and the **events** here at Greatwater Mansion." Er deutete auf das aufgeschlagene Piratenbuch und lächelte. "Also, Mrs Greatwater –", er sah zu Tante Mary, "was **puzzled** when she **heard** the name Everett Greatwater. I think I've found the answer."

---

decided habe mich entschieden
have catalogued habe katalogisiert
dust abstauben
in the front vorne
connection Verbindung
events Ereignisse
puzzled verwundert
heard hörte

Spencer blätterte in dem Büchlein und begann vorzulesen: "*He told me that his name was Everett Greatwater, and that he was the son of my uncle Willard, who had died several years earlier. No one knew that Uncle Willard had been* ***married, let alone*** *that he had a son, but this man had a* ***birth certificate*** *showing that he was the son of Willard and Calliope Greatwater,* ***née*** *Jenkins. Maybe we would not have trusted him if he had been a poor man, but he had* ***plenty of*** *money. All he was looking for was a family, and so we did our best to be a good family to him.*"

Spencer räusperte sich und machte eine Pause, die ich dazu nutzte, in die Küche zu gehen, um ihm ein Glas Wasser zu holen. Doodle hatte die Küche offenbar verlassen. Vermutlich war er nach der Friedhof-Aktion so müde, dass er sich wieder in unser Bett gelegt hatte. Dreckig wie er war, würden wir das Bett wohl neu beziehen müssen.

Spencer trank einen großen Schluck und las an einer anderen Stelle des Büchleins weiter.

"Milly, our ***maidservant, was with child****, but she never told us the father's name. Her little son, John,* ***grew up*** *at*

---

married verheiratet
let alone geschweige denn
birth certificate Geburtsurkunde
née geborene
plenty of reichlich
maidservant Dienstmädchen
was with child erwartete ein Kind
grew up ist aufgewachsen

*Greatwater Mansion as if he too were a **member** of the Greatwater family. Everyone loved him, but just before Everett Greatwater died he **spoke** to John **in private**, and after that John was never **the same** again. He told me that Everett had let him in on a secret, but he didn't say what it was. Everett was buried in a quiet corner of the Greatwater cemetery, as he **had requested**, and John never spoke of him again."*

Zunächst sagten wir kein Wort. Doch Gilberto konnte all dem noch nicht ganz folgen. "But what has that got to do with the treasure of Henry Every?"

Da meldete sich Tante Mary zu Wort: "If I understand you correctly, Spencer, you think that Everett Greatwater was none other than Henry Every himself. Am I right?"

"Yes, Mrs Greatwater. And on his deathbed he told John a secret. John was **obviously** his son, although his name wasn't Greatwater. I'm sure he told him the secret of Henry Every's treasure."

Spencers Stimme war wieder rau geworden und er trank noch einen Schluck Wasser. Wir schwiegen. Ich fragte mich, was wir wohl noch alles erfahren würden.

---

member Mitglied
spoke hat gesprochen
in private privat
the same derselbe
had requested hatte darum gebeten
obviously offensichtlich

Als ich ihn gerade fragen wollte, ob er wüsste, wie John mit Familiennamen hieß, sprach er weiter.
“This little book was written by more than one person. The diary seems to be have been **inherited** and **added to** by **each** generation. John's wife Caroline is the second **writer** of this diary. They had three girls. But then Caroline's sister Anne had a baby boy. She wasn't married, and, again, no one knew who the baby's father was. But Caroline writes that John always loved his **nephew** Charles more than he loved his own daughters. It's **clear** to me that Charles was really his son.”
Ich fragte mich nur, was Spencer daran so betroffen machte. Nach allem, was ich glaubte verstanden zu haben, hatte Henry Every sich als Everett Greatwater in die Familie geschlichen. Er bekam einen Sohn mit einer Dienstmagd, dem er kurz vor seinem Tod ein Geheimnis anvertraute: das Geheimnis des unermesslichen Schatzes, den er erbeutet hatte. Vermutlich hatte er ihm das Versteck verraten und noch so manches andere, was erklären würde, weshalb John so seltsam wurde, wie die Tagebuchschreiberin behauptete. Hatte

---

inherited geerbt
added to ergänzt
each jede
writer Autor
nephew Neffe
clear klar

er ihm auch befohlen, das Geheimnis an seinen eigenen Sohn weiterzureichen? Wurde das Geheimnis womöglich durch all die Jahrhunderte weitergegeben? Hatte Leon mit seiner Spinnerei am Ende Recht gehabt?
"I think it's time to tell you the **truth**. Mrs Greatwater, when you inherited Greatwater Mansion, you also inherited me."
Spencer lächelte und Tante Mary erwiderte es. "Yes, I did, and it's **wonderful** to have you here."
"I **don't deserve** your **kindness**. I too carry the secret, you see. But I **have failed** in my **duty** – I have failed to protect it!"
In diesem Moment flog die Tür auf und krachte gegen die Wand.
"That's right, Spencer, you failed – and **I'm not going to let you** fail a second time!"
Ich fuhr herum und blickte direkt in die Mündung einer Pistole.

---

truth Wahrheit
wonderful wunderbar
don't deserve verdiene nicht
kindness Freundlichkeit
have failed habe versagt
duty Pflicht
I'm not going to let you ich werde es nicht zulassen, dass du

Ein alter Bekannter

Ein maskierter Mann fuchtelte mit dem Ding herum und trieb uns alle in eine Ecke der Bibliothek. Falls das überhaupt ging, hatte ich noch mehr Angst als letztes Jahr auf dem Schiff, als wir beinahe von einem der Diebe entdeckt und schließlich versehentlich eingeschlossen worden waren. Damals hatte uns aber wenigstens der Schiffsjunge Piet gesucht und befreit. Doch heute saßen wir alle zusammen in der Falle.

Ich hatte den Eindruck, der Mann wusste selbst nicht genau, was er jetzt mit so vielen Leuten anfangen sollte. Offenbar wollte er lediglich verhindern, dass Spencer weiterredete. Als mir klar wurde, was das bedeutete, bekam ich weiche Knie.

Aber das würde uns nicht weiterhelfen. Wir mussten den Mann so lange wie möglich beschäftigen. Er sah einen nach dem andern an, und als er mich fixierte, lief es mir kalt den Rücken hinunter.

"Now I know why you came back again to kill the dog", hörte ich mich sagen. Der Mann kniff die eisblauen Augen hinter der Maske zusammen, und die anderen sahen mich irritiert an. Ich wusste nicht, ob ich uns damit mehr schadete oder nützte, aber ich hatte den Eindruck, unbedingt weiterreden zu müssen.

"You knew he wasn't dead when you saw him at

Circus Farfalli. I **wondered** why Doodle was afraid of you. Now I understand."
"**Shut up!**", herrschte der Kerl mich an, aber ich dachte gar nicht daran. Und ich bekam Verstärkung. Denn nun wussten Lucy und Leon auch, wer da vor uns stand.
"You didn't want the dog to go back to the cemetery!" Lucys Stimme zitterte. Ob ich auch so klang?
"What are you talking about?" Der Maskierte sah zwischen Lucy und mir hin und her.
"You know **exactly** what we're talking about, Tex Avery", mischte sich nun auch Leon ein, was den Zirkuspiraten völlig aus der Fassung zu bringen schien. "You didn't want us to find out where you'd hidden the treasure. But **the game's up** for you now."
Wenn die Situation nicht so ernst gewesen wäre, hätte ich gelacht, denn Leon hatte so tief und drohend gesprochen, wie er es sonst nur tat, wenn er Käpt'n Blackbeard spielte.
"We found a gold earring from the seventeenth century, and the police know all about it", flunkerte Leon. Ich hätte ihm das nie zugetraut. Allerdings rastete der Zirkuspirat völlig aus.

---

wondered habe mich gefragt
Shut up! Halt die Klappe!
exactly genau
The game's up. Das Spiel ist aus.

"I came here to kill Spencer, but now I have to kill you all!", schrie er. "**Turn to face the wall**!"

Wir standen da wie angenagelt. Aunt Mary war einer Ohnmacht nah und zitterte am ganzen Körper. Gilberto hielt ihre Hand.

"**Turn around!** Are you **deaf**? I don't want to see your faces when I kill you!"

Es blieb uns nichts anderes übrig, als einzusehen, dass nicht er sondern wir das Spiel verloren hatten. Ich nahm Leons Hand und drückte sie, als wir mit dem Gesicht zur Wand standen. Er sollte glauben, seine große Schwester wäre stark und es gäbe Hoffnung.

Wir hörten, wie die Pistole klickte. Der Abzug war gespannt. Gleich würde einer von uns sterben.

Turn to face the wall. Dreht euch zur Wand.
Turn around! Umdrehen!
deaf taub

Man lernt nie aus

Ich konnte mich später nicht genau erinnern, was ich zuerst gehört hatte: Doodles wütendes Gebell, den schmerzerfüllten Schrei des Zirkuspiraten oder Inspector Mouse, der ihn anbrüllte, er solle die Waffe fallen lassen, denn das Haus wäre umstellt und er hätte ohnehin keine Chance mehr.

Als ich mich umdrehte, lag der Mann mit den eisblauen Augen jedenfalls auf dem Boden, Doodle hatte sich in seinem Bein verbissen und die Pistolen der beiden altbekannten Polizisten waren auf ihn gerichtet.

"All right, all right, I **give up**, but **get the dog off** me!"

Lucy rief Doodle zu sich. Es dauerte einen Moment, aber dann kam er angetrottet und ließ sich ausgiebig von uns streicheln.

"Braver Hund!" Ich war so froh ihn zu sehen.

"Seems this dog just **saved** your lives, like you saved his." PC Kenwood kam zu uns herüber. "Is this yours?" Er hielt eine durchsichtige Plastiktüte hoch. Darin lag der goldene Ohrring, den wir auf dem Friedhof gefunden hatten. "Your dog had it in his mouth when we saw him running **towards** Plymouth. We'd been

---

give up gebe auf
get the dog off schafft den Hund weg
saved hat gerettet
towards in Richtung

standing in the road – he **must have followed** our **track**. He dropped the **plastic bag** with the earring **in front of** us and barked until we **put** him **in** the car and came here. Just in time."

Oh ja, das war wirklich gerade noch rechtzeitig.

"Lieber, lieber Doodle, du hast uns tatsächlich das Leben gerettet!" Ich schlang die Arme um seinen Hals und verbarg mein Gesicht in seinem Wuschelfell.

Der Zirkuspirat jammerte indessen weiter um sein Bein. Inspector Mouse nahm ihm endlich die Maske ab, und Spencer tat einen erstaunten Ausruf:

"I saw that man in the pet shop! I was buying dog food for Doodle! I put up a flyer in there!"

Damit war jetzt auch geklärt, woher dieser Tex Avery gewusst hatte, wo Doodle zu finden war.

Was ich allerdings immer noch nicht ganz verstanden hatte, war, was da eigentlich am Grab passiert war, und ob es sich bei dem Ohrring tatsächlich um ein Schmuckstück aus dem sagenhaften Piratenschatz handelte.

Aus Tex Avery war jedenfalls zunächst nichts herauszukriegen. Der war nämlich in Ohnmacht gefallen, als er das Blut sah, das aus seiner Wunde sickerte. Wenn es

---

must have followed muss gefolgt haben
track Spur
plastic bag Plastiktüte
in front of vor
put in haben reingelassen

um das eigene Blut ging, wurden selbst die abgebrühtesten Verbrecher weich. Ein Krankenwagen brachte ihn ins nächstgelegene Krankenhaus, nicht ohne dass er von einem Polizisten bewacht wurde.
In der allgemeinen Verwirrung fand Tante Mary als Erste die Sprache wieder: "Spencer, what did you want to tell us before this idiot **burst in**? What do you mean, you too carry the secret?"
Spencer bat uns alle wieder an den Tisch. Wir mussten ein wenig zusammenrücken, damit auch die beiden Polizisten Platz nehmen konnten.
Es war gut, dass wir saßen, denn es war doch schon reichlich irre, was Spencer uns zu sagen hatte.
"I am a direct descendant of Henry Every, also **known** as Everett Greatwater."
"Why didn't you tell me before?" Tante Mary war offenbar die Einzige, die nicht sonderlich beeindruckt, sondern eher wütend war, weil Spencer sie in dem Glauben gelassen hatte, er wüsste nicht, wer das sei. Ganz im Gegensatz zu Leon, der mit offenem Mund da saß und seinen freundlichen Schokoladenspender ehrfürchtig anstarrte.
"Mrs Greatwater, I told you: it was a secret!"
Tante Mary hob entschuldigend die Hände und Spencer fuhr fort: "Now that I've found the diary, I **finally**

---

burst in hereingeplatzt ist
known bekannt
finally endlich

have proof that Caroline's sister, Anne, the mother of the baby Charles, was called Peltham. She never **married**. And perhaps you won't be surprised to hear that my full name is Spencer Peltham." Er lächelte.
"Spencer!", rief Tante Mary aus. "I always thought that Spencer was your **surname**! Maybe Thomas Spencer, or Frank Spencer ..."
Gilberto konnte ein Grinsen nicht unterdrücken und legte den Arm um sie. Da lebte sie nun so lange mit Spencer unter einem Dach und hatte ihn nie nach seinem vollständigen Namen gefragt.
"But why Peltham? Like Mr Peltham at the circus?" Leon hatte seine Sprache wiedergefunden.

"He's my uncle."
Deshalb sah Mr Peltham also wie eine ältere Ausgabe von Spencer aus! Er war es tatsächlich! Diese Geschichte würde mir zu Hause kein Mensch glauben. Gut, dass wenigstens Leon sie bestätigen konnte.
Während Spencer weitersprach, kritzelten die beiden Polizisten wie wild ihre Notizbücher voll.
"Obviously every Peltham **passed on** the secret to his **eldest** son. The day before my father died, he told me about it too. I was **fascinated**, but I was only ten

---

married hat geheiratet
surname Familienname
passed on hat weitergegeben
eldest ältesten
fascinated fasziniert

years old. One day I was playing with my cousin Jack, who was a **show-off**, and I wanted to **impress** him. I took him to the cemetery and told him that there was a pirate's treasure buried in the grave."

"Au Backe!", ließ Leon sich vernehmen.

"Yes, it was a great mistake. **At first**, Jack **laughed at** me. Then later he wanted to know more about it. But as I got older I asked myself why no one had ever tried to find the treasure. I came to the **conclusion** that my ancestors wanted it to be **preserved** for some special **reason**, one that would become clear when the time was right. So I didn't tell Jack any more than I had already told him."

"But you don't have any children. So the secret would have died with you." Lucy sagte es ganz behutsam, doch Spencers Augen füllten sich mit Tränen.

"My son and my wife died in a car **accident**. Jack has no children. But now it seems that this problem has been solved. The secret is **no longer** a secret. I believe that Jack has stolen the treasure."

---

show-off Angeber
impress beeindrucken
at first anfangs
laughed at hat ausgelacht
conclusion Ergebnis
preserved aufbewahrt
reason Grund
accident Unfall
no longer kein ... mehr

“And what about Tex Avery?”, wollte ich wissen.
Spencer schnaubte verächtlich. “He’s just a **copycat**. Pete Peltham, my uncle, talked about pirates and Henry Avery so much that he **put two and two together**.”
Tante Mary bat Spencer um eine kleine Pause und holte für alle noch etwas zu trinken. Jeder hing seinen Gedanken nach und diese Unterbrechung gab auch mir die Gelegenheit, das Ganze noch einmal für mich zusammenzufassen, bevor ich den Überblick komplett verlor: Spencer war also der Nachfahre des Erzpiraten Henry Every, weil dessen unehelicher Sohn John nach drei Mädchen mit seiner Frau allem Anschein nach noch einen Sohn mit seiner Schwägerin Anne zeugte. Dieser Sohn, Charles Peltham, begründete die Peltham-Linie, in der jeder Vater seinem Erstgeborenen das Geheimnis des Piratenschatzes verriet. Nicht ohne jedoch darauf hinzuweisen, dass der Schatz bleiben sollte, wo er war. Außerdem musste das Familiengeheimnis jeweils wieder an den Erstgeborenen weitergegeben werden. Ein wahres Wunder, dass das über Jahrhunderte geklappt hatte. Immerhin war auch überliefert worden, dass der Pirat darum gebeten hatte, in seinen eigenen Kleidern bestattet zu werden. In diese war nämlich sein Anteil der Beute eingenäht.

---

copycat Nachäffer
put two and two together eins und eins zusammengezählt hat

Tante Mary hatte rasch ein paar Käsewürfelchen geschnitten, weil wir alle seit Stunden nichts in den Magen bekommen hatten. Als sie die brachte und auch alle ein Glas Mineralwasser vor sich stehen hatten, erzählte Spencer noch einmal fürs Protokoll, dass sein Cousin Jack Peltham immer wieder nach dem Schatz gefragt hatte. Doch Spencer hatte seinen Fehler längst eingesehen und ihm weiszumachen versucht, dass das Gerede von dem Piratenschatz nur eine Kinderfantasie war, um auch mal mit etwas angeben zu können. Jack glaubte ihm nicht. Irgendwann gingen sie im Streit auseinander und Spencer verlor den Kontakt zu Cousin und Onkel Pete. Er hatte Pete Peltham erst wiedergesehen, nachdem Jack seinen Vater vor die Tür gesetzt hatte und untergetaucht war. Spencer hatte dem alten Mann Hilfe angeboten, aber dieser hatte seinen eigenen Neffen nicht mehr erkannt und fühlte sich im Zirkus offenbar sehr wohl. Dort musste Tex Avery ihn dann ausgequetscht haben.

"But where's the treasure now?" Leon und Tante Mary hatten gleichzeitig ausgesprochen, was sich wohl jeder hier im Raum fragte.

"We'll go back to the cemetery tomorrow morning and start digging." Inspector Mouse klappte sein Notizbuch zu.

"Oh, we've already started", musste Gilberto in unser aller Namen zugeben. "Where do you think we found that earring?"

"Hmm! We'll have to talk about this!", sagte PC Kenwood streng. Dann erhoben sich die beiden, baten uns zu ihrer Verfügung zu bleiben und fuhren ins Präsidium. Spencer, der sich erstaunlich schnell wieder gefasst hatte, zauberte noch rasch etwas zum Abendessen, denn die Käsewürfel hatten uns eher noch hungriger gemacht. Als wir Brot, Schinken und Ei in uns hineinstopften, als hätten wir drei Tage nichts zu essen bekommen, sah Gilberto Leon und mich an. "Mary, you should be careful. You should never see these two children again. Every time we do, we are **surrounded by criminals**."
Ich wollte gerade protestieren – schließlich stammte das letzte kriminelle Element ja aus Gilbertos eigener Band – da sah ich ihn breit grinsen. Er begann laut zu lachen und wir fielen alle ein. Es war äußerst befreiend nach der Anspannung der letzten Stunden.
Wir waren alle geradezu erschlagen von den Ereignissen des Tages und gingen kurz darauf in unsere Zimmer. Als wir in den Betten lagen, starteten Lucy, Leon und ich einen Versuch, darüber nachzudenken, wo die Beute inzwischen gelandet war.
"Er hat sie sicher im Zirkus versteckt, direkt vor unserer Nase", murmelte Leon, bevor er einschlief. Wir taten es ihm nach. Morgen war schließlich auch noch ein Tag.

---

surrounded by von ... umgeben
criminals Verbrechern

Aufregung im Zirkus

Wir sollten uns zwar zur Verfügung halten, aber es hatte niemand gesagt, dass wir nicht trotzdem ein wenig beim Zirkus herumstöbern durften. Keiner von uns hätte es ausgehalten, den ganzen Tag herumzusitzen und zu warten. Als wir am späten Vormittag beim Zirkus Farfalli ankamen, waren die Kinder dort in heller Aufregung.

"What happened?", fragte Lucy. Wir waren sicher, dass wir die Antwort kannten, aber wir wollten aus dem Mund der Kinder hören, was ihnen die Polizei darüber erzählt hatte, weshalb Tex Avery am heutigen Tage nicht da war.

Doch offenbar hatte ihnen noch niemand etwas gesagt. Sie hatten ein ganz anderes Problem.

"All our costumes have been stolen!" Tess, das dunkelhaarige Mädchen, das neulich nach der Vorstellung gesagt hatte, ihr kämen die Kostüme von Tag zu Tag schwerer vor, schien wirklich verzweifelt. "How can we do our tiger and lion performance without our costumes? In our underwear?"

Diese Vorstellung hatte etwas Komisches, aber ich hütete mich, darüber zu lachen. Die Frage war doch: Was sollte das? Hatte das Verschwinden von Tex Avery etwas damit zu tun?

"Have you noticed that Tex Avery isn't here?", fragte ich das Mädchen.

"Tex isn't the only one who's missing." Auch Matt war aufgetaucht. "All of the Pirates of Plymouth **have disappeared**. Their caravan has gone."
"Have you called the police?"
"Mrs Harper has. I think they're coming soon."
"Well, perhaps you should know that Tex Avery is in the hospital, with a policeman **beside** his bed." Und dann erzählte Lucy, was passiert war, allerdings ohne die komplizierten Familienverhältnisse zu erwähnen.
Mir fiel etwas ein: "Tess, is it really true that your costumes **kept getting** heavier?"
Die Dunkelhaarige zögerte keinen Moment mit der Antwort: "Yes, definitely. At first I thought I was imagining it. But all the others noticed it too. The tails **in particular felt** very heavy all of a sudden. I asked the pirates about it, because they **used to mend** the costumes, but they said it was just our **imagination**."
Das war es! Ich war bestimmt auf der richtigen Spur und fragte weiter: "The costumes are made of quite **thick material**, aren't they?"

---

have disappeared sind verschwunden
beside neben
kept getting sind ständig ... geworden
in particular insbesondere
felt fühlten sich an
used to mend reparierten
imagination Fantasie
thick dick
material Stoff

“Yes. **Artificial fur** on the outside, and polyester inside.”
“Perfect for hiding something”, sagte ich mehr zu mir selbst als zu Tess und den anderen Kindern. Ich hoffte inständig, dass ich mit meiner Vermutung richtig lag.
Als wenig später die beiden Polizisten beim Zirkus auftauchten, wirkten sie nicht erfreut, uns zu sehen. Aber als ich ihnen von meinem Verdacht erzählte, der Schatz könnte im Innern der Kostüme versteckt sein, fuhr Inspector Mouse direkt ins Krankenhaus zu dem Piraten, der natürlich nicht Tex Avery hieß, sondern Paul Smith, wie sich bereits herausgestellt hatte. Er hatte den Namen nur angenommen, um sich in Mr Peltams Erinnerungen zu schleichen.
PC Kenwood nahm inzwischen alle Aussagen auf. Er ging auch hinüber zu dem alten Mr Peltham, der wieder vor seinem Wagen in der Sonne saß. Wir gingen mit.
“My feet are aching”, sagte dieser wie neulich schon zur Begrüßung.
“You should wear boots your own **size**.” Der Polizist fragte höflich, ob er den alten Mann von den Cowboystiefeln befreien dürfe, zog Plastikhandschuhe über und streifte Pete Peltham die Stiefel von den schmerzenden Füßen. Anschließend verstaute er sie in

artificial fur Kunstpelz
size Größe

einem Plastiksack als Beweisstück. Matt hatte sich inzwischen in Mr Pelthams Wohnwagen begeben und kam mit seinen karierten Hausschuhen zurück, die der Alte dankbar überzog.

"Pirates have stolen the treasure!" Von einer Sekunde zur anderen hatte Mr Peltham sein finsteres Gesicht wieder aufgesetzt. Diesmal schien Leon nicht der Auslöser gewesen zu sein, denn er stand extra ein wenig hinter mir.

"Very interesting, Mr Peltham", sagte PC Kenwood freundlich. "Can you tell me where they've gone?"

"Pirates, my boy, pirates! Where do you think they've gone? To the **harbour**, of course!" Mr Peltham sah den Polizisten an, als sei dieser nicht ganz dicht. Wo sollten Piraten denn auch sonst hingehen? Keiner von uns war auf das Naheliegende gekommen.

PC Kenwood zückte sein Handy und stürmte davon.

---

harbour Hafen

Doodles Herrchen

Es war schon Abend und Gilberto hatte uns längst zurück nach Greatwater Mansion gebracht, als die Polizisten Mouse und Kenwood kamen, um uns mitzuteilen, dass sie die beiden übrigen Pirates of Plymouth tatsächlich im Hafen festgenommen hatten. Als die Polizisten an Bord stürmten, hatten die zwei mit Tex Avery gerechnet. Er hatte sie nicht eingeweiht, *was* sie da eigentlich auf den Kontinent schmuggeln würden, nur dass es in den Kostümen der Kinder versteckt war.

Die Polizisten waren ungewöhnlich gesprächig; vielleicht weil sie der Ansicht waren, dass Spencer ein Recht hatte zu erfahren, was mit *seinem* Schatz passiert war. Und Spencer bestand darauf, dass wir alle dabei sein durften, und so saßen wir wieder zu acht plus Hund am Tisch und lauschten.

Wir konnten im Nachhinein ziemlich froh darüber sein, dass Doodle und Spencer uns am Grab gestört und wir nicht tiefer gebuddelt hatten. Die Leute von der Spurensicherung stießen nämlich etwa dreißig Zentimeter tiefer auf die Leiche von Jack Peltham.

"Uäh, stell dir mal vor, wir hätten dem in den Bauch gepiekt, Alina!" Leon schüttelte sich und suchte in seiner Hosentasche nach einem Stück Schokolade, vermutlich um diese Vorstellung loszuwerden. Er wurde fündig und ich glaubte kaum, dass ein Leichenfund

ekliger sein konnte als dieses halb geschmolzene Zeug, das er sich nun in den Mund schob.
Spencer nahm diese Information von Inspektor Mouse sehr gefasst entgegen. Immerhin war es ja trotzdem ein Familienmitglied gewesen, das da offenbar mit dem eigenen Spaten erschlagen worden war. Näheres würde die Obduktion ergeben.
Doodle hatte bei der Erklärung die Ohren gespitzt. Gilberto kraulte ihn. "Now I understand. Poor Doodle: Jack Peltham was your **master**! That's why we found you on the grave, looking so sad."
Doodle bellte einmal auf, wie zur Bestätigung, dass Gilberto mit seiner Annahme richtig lag. Irgendwie war ich beruhigt. Jack Peltham konnte ja wohl nicht durch und durch schlecht gewesen sein, wenn sein Hund ihn so geliebt hatte.
Auch Spencer vermutete, dass Jack weniger Skrupel hatte, den Schatz zu heben, bevor das Geheimnis seines Verstecks endgültig mit den beiden letzten Pelthams sterben würde.
"**According to** our investigation, your cousin **had gambled away** all his money. This dog was all he had left." Inspector Mouse sah nachdenklich zu Doodle hinüber.
Mir tat dieser Jack Peltham jetzt beinahe leid. Was hatte

---

master Herrchen
according to laut
had gambled away hatte verspielt

er schon noch zu verlieren gehabt, wenn er nachsah, ob an dem, was sein Cousin vor Jahrzehnten erzählt hatte, vielleicht doch etwas dran war?

Jedenfalls hatten die Spurensicherer weitergegraben, bis sie auf die Knochen von Henry Every alias Everett Greatwater stießen, beziehungsweise darauf, was von ihnen übrig war. Viel war es nicht, und die Knochenreste lagen durcheinander, was darauf schließen ließ, dass Jack Peltham tatsächlich bis dorthin vorgedrungen war. Zwei uralte Münzen und einen winzigen Rubinring hatte er in der feuchten Erde offenbar übersehen. Aber Jack war vermutlich auch nicht mit Scheinwerfer und feinen Suchinstrumenten nach unten gestiegen.

Was dann geschehen war, wusste keiner genau. Paul Smith alias Tex Avery schwieg hartnäckig.

"Maybe we should **set** Doodle **on** him again!", schlug Leon vor.

"Well, we'll see about that." Inspector Mouse grinste und fragte Tante Mary, ob sie noch ein paar von diesen leckeren Käsewürfelchen machen könnte. Sie konnte.

Die Polizei ging davon aus, dass Paul Smith den Schatz nur stehlen wollte. Als er den alten Mr Peltham ins Schmugglermuseum gescheucht hatte, wollte er nur dessen Erinnerungsvermögen ein wenig auffrischen. So war in etwa klar, in welcher Gegend er zu suchen hatte. Smith war irgendwann zu Ohren gekommen,

---

set on auf … ansetzen

dass es am Rande von Plymouth ein Anwesen geben sollte, das einen familieneigenen Friedhof besaß. Lucys Auskunft führte ihn dann vermutlich auf die richtige Spur.

“I’m so sorry. I didn’t mean to **lead** him here.” Lucy kullerte eine Träne die Wange hinab.

Tante Mary nahm sie in den Arm. “It’s not your **fault**, Lucy. That **nasty** little man would have found it on his own sooner or later.”

“Your aunt is right, Lucy. **You mustn’t blame yourself.**” Inspector Mouse steckte sich genüsslich ein Käsewürfelchen in den Mund. “We believe that Paul Smith went to the cemetery and found Jack Peltham digging up the grave. When he came out with the treasure, Smith probably hit Peltham with his own **spade**. To be fair, we don’t think that Smith **intended** to kill Peltham. But when he did, he had to **get rid of** the body. And where better to hide a dead body than in a grave?”

---

lead führen
fault Schuld
nasty bösartig
You mustn’t blame yourself. Du darfst dir nicht die Schuld geben.
spade Spaten
intended vorhatte
get rid of loswerden

Ende gut, alles gut

Am nächsten Morgen wurden wir von leisem Getrommel geweckt. Schlaftrunken gingen Leon und ich zum Fenster.
"Jetzt weiß ich endlich, was '**It's raining cats and dogs**' bedeutet." Leon streckte sich genüsslich und gähnte. Dann tapste er zu Lucys Bett und zog ihr die Decke weg.
"Oh, **don't you dare!**", quiekte sie, aber es war schon zu spät. Und schon war eine Kissenschlacht im Gange, an der sich Doodle ein wenig übermütig beteiligte. Es begann im Zimmer zu schneien, weil er versehentlich ein Loch ins Kissen gebissen hatte.
"No wonder that **would-be** pirate **screamed** when Doodle **bit** him", stellte Leon zufrieden fest und drückte Doodle an sich, der jetzt in Greatwater Mansion bei Tante Mary und Gilberto bleiben durfte.
"Do you still think being a pirate is a good **ambition**?" Lucy sammelte einige der Federn auf, die Doodle verteilt hatte, aber es schien aussichtslos, denn

---

It's raining cats and dogs. Es gießt wie aus Eimern.
Don't you dare! Wage es nicht!
would-be möchtegern
screamed hat geschrien
bit hat gebissen
ambition Berufsziel

die kleinen Biester flogen hoch, sobald man auch nur einen Schritt auf sie zuging.

"I'm not sure. Let me think about it. But later, because I'm huuungryyyy!" Leon rannte aus der Tür und stürmte die Treppe hinunter.

Ich tippte mir an die Stirn, aber Lucy und ich folgten Leon trotzdem, denn auch wir waren hungrig, und der Duft nach Pancakes zog schon durch das ganze Haus.

Da es in den nächsten Tagen nur regnete, verbrachten wir viel Zeit in der Bibliothek. Ich schmökerte mich durch alte Bücher, die über das Leben der englischen

Adligen auf ihren Landsitzen berichteten, und malte mir aus, ich wäre eine schottische Prinzessin. Es wäre nicht das schlechteste Lebensziel. Und was Leon sich mit seinen Piraten einredete, konnte ich schon lange.

Als das Wetter besser wurde, besuchten wir noch einmal die Zirkuskinder, die überglücklich waren, dass sie ihre Kostüme wiederhatten. Es hatte einige Zeit gedauert, die vielen kleinen Goldstücke, Schmuckteilchen und Diamanten aus dem Futter und den Schwanzteilen zu entfernen, aber alles war wieder ordentlich vernäht worden, und die Kostüme waren deutlich leichter als zuvor.

Wir verabschiedeten uns von allen. Als Matt mir die Hand reichte und mir in die Augen sah, erinnerte ich mich an den lustigen Schiffsjungen Piet, den wir im letzten Sommer auf dem Kreuzfahrtschiff kennengelernt hatten. Wieso gab es solche netten Jungs nicht mal in meiner Nähe?

Spencer hatte einen dicken Finderlohn für den Schatz bekommen. Davon hatte er dem alten Pete Peltham als Erstes ein paar bequeme Schuhe gekauft, die dieser stolz trug, als er vor seinem Wohnwagen saß. Spencer gedachte seinem Onkel auch noch andere Annehmlichkeiten zu bereiten, aber alles zu seiner Zeit. Der Schatz selbst würde den Rest seiner Tage wohl in einem Museum verbringen. "Falls er nicht wieder geklaut wird", wie Leon feststellte.